# Auf dem Weg zu Gott

## Eine spirituelle Betrachtung
### von Franz Weber

AF175702

## Herausgeber: Perceval-Institut für Kosmologie und christliche Hermetik

Franz Weber, Freiburg im Frühjahr 2012 und im Sommer 2020

Copyright:© Franz Weber 2020

Herstellung und Verlag:

**BoD – Books on Demand, Norderstedt**

ISBN: 9783751977135

Den Gottsuchern zugeeignet

# Auf dem Weg zu Gott

## Inhaltsverzeichnis:

# Vorwort

Über Gott ein Buch schreiben zu wollen, mag wohl etwas vermessen klingen, denn er entzieht sich ja zunächst unserem gedanklichen und gegenständlichen Erkennen.
Hier in dieser Schrift geht es deshalb vor allem darum, ihm innerlich näher zu kommen, um die eigene Seele für Gott öffnen zu können. Das versuchen natürlich viele Menschen in den verschiedensten Religionen. Durch ein sittlich-religiöses Leben, durch Gebete, Gesänge und Meditationen, durch Askese und Läuterung oder einfach durch viel Liebe können wir uns zu Gott hin ausrichten. Da, wo wir unsere Herzens-Energie hinlenken, da wird uns auch etwas entgegen kommen, in welcher Religion und Geistesströmung auch immer.
Meine spirituellen Wurzeln urständen in der christlichen Hermetik, in der Anthroposophie und in der Astrosophie. Doch je näher man sich dem Göttlichen in seinem Inneren fühlt, um so weniger werden äußere Strömungen und Religionszugehörigkeiten wichtig. Erkenne und erlebe ich das Göttliche in mir, so werde ich es auch in jedem anderen Menschen entdecken können. Damit wird mir der Nächste zum Bruder beziehungsweise zur Schwester vor und in Gott. Und dieses Erleben ist das wahrhaft Verbindende zwischen den Menschen. Darin wurzelt eine echte Frömmigkeit und ein wahrer Friede.
Gott will die Menschen ja nicht entzweien und sie gegeneinander aufhetzen. Religionskriege sind von Menschen gemacht, weil wir oftmals meinen, unser eigener Standpunkt und unsere begrenzte Sichtweise sei das einzig Seligmachende. Die Anderen sind dabei im Irrtum, im Irrglauben befangen oder gar vom Teufel verführt.
Im eigenen, im inneren Herzens-Erleben, in der göttlichen Liebe, die in unserem Herzen einwohnen und darin scheinen will, gibt es keine Religionsunterschiede mehr, denn diese spirituell-göttliche Erfahrung kann jeder Mensch, egal welcher Religion er angehört, in sich selbst erleben. Dies erst ist die echte und wahre Religion, die Rückverbindung zu Gott. Und darauf kommt es schließlich an.

Doch weit ist der Weg dorthin, denn viele Dogmen, materialistische Denkweisen, seelische Blockaden und Wunden versperren den Weg in das geistige Herz hinein. Und solange wir nicht werden wie die Kinder, unvoreingenommen, vorurteilsfrei, staunend und rein, fehlt uns zumeist die klare Sicht, das offene Herz und das rechte Tun, das uns zu Gott, zu unserem inneren Himmel hinführen kann.

Die hier vorliegenden Gedanken mögen daher kleine Hilfen darstellen, die dem Leser etwas mehr Vertrauen, Führung, Erkenntnis und Gewissheit bringen mögen. Und natürlich die Bereitschaft, sein Herz zu öffnen, es leer zu machen von allen belanglosen Dingen des alltäglichen Seins, um frei zu werden für das, auf was es im ursprünglichsten Sinne ankommt, auf die Verbindung und Einheit mit Gott, dem Urgrund allen Seins.

Daraus können wir unser irdisches Leben immer wieder mit neuen Impulsen, sinnvoll und zufriedenstellend gestalten lernen. Nicht um eine Abkehr von der Welt, um eine Flucht vor den irdischen Angelegenheiten und Notwendigkeiten geht es hier, sondern um eine Gestaltung des Irdischen aus übersinnlichen Motiven und göttlich-geistigen Gesetzen heraus, damit auch hier auf der Erde dereinst ein Reich des Göttlichen erstehen mag.

Doch mit dem Reich Gottes auf Erden ist es gar nicht so einfach, denn hier haben die Widersachermächte ein eigenes Wirkungsfeld, wodurch sie immer wieder alle guten und gesunden Maßnahmen korrumpieren und zunichte machen können.

Doch unsere positiven und humanistischen Impulse, die wir für eine bessere Welt einbringen wollen, sind nicht vergebens, denn wir erschaffen damit eine neue Welt, nicht heute, aber in einer fernen Zukunft werden die Früchte daraus sichtbar werden.

Denn das Osterlicht, die Kraft der Auferstehung ist der Morgenglanz nicht dieser, sondern einer neuen, einer zukünftigen Erde. An dieser dürfen wir mitwirken und damit zu denen gehören, die dereinst, im sogenannten Neuen Jerusalem, diese neue Erde bewohnen dürfen. Dahin geht unsere Zuversicht, unser Glaube, unsere Liebe und auch unsere Hoffnung.

# Hoffnung

Wenn hier von Hoffnung gesprochen wird, ist dabei nicht nur gemeint, dass wir etwas erhoffen, also, dass wir so optimistisch sind, dass alles ja so klappen soll, wie wir uns das gerne wünschen und vorstellen. Sicherlich ist ein gesunder Optimismus auch etwas Positives, eine seelische Kraft, die uns förderlich mit der Welt verbinden kann. Hoffnung ist jedoch vor allem eine Geisteskraft, die über das seelische Wünschen und Wollen hinausreichen kann, auch wenn scheinbar nichts mehr im Leben weiterhilft beziehungsweise wenn nichts mehr Hilfreiches da ist, an das sich die Seele halten und auf das sie sich stützen kann. Es geht folglich zunächst einmal darum, dass die Seele in sich selbst einen Anschluss finden und schaffen kann zu bestimmten Geisteskräften, wie eben an die Hoffnungskraft.

Um jedoch an solche Geisteskräfte im Inneren des Menschen anschließen zu können, benötigt der Mensch zuvorderst eine wirkliche Selbsterkenntnis, die letztlich aber nur im Einklang mit dem Ganzen der Welt entstehen kann. Nur für sich selbst sich erkennen zu wollen, ist nämlich ein Irrweg. Eine Selbsterkenntnis und eine Welterkenntnis bedingen sich, das Eine ohne das Andere ist einseitig und führt nicht wirklich voran. Erst im Ergründen, im Begreifen und im Zusammenklang mit der Welt kann sich der Mensch als ein ganzheitliches Wesen seiner selbst bewusst werden. Die Welt darf dabei aber nicht nur auf die äußere, auf die sinnliche Welt beschränkt bleiben.

Der Orakelspruch im Tempel zu Delphi lautete bekanntlich: „Erkenne Dich selbst und Du wirst die Götter erkennen".

Diese apollinische Weisheit mahnt einerseits zum Aufschauen in die Götterhimmel, andererseits zur Demut, mit der wir erst fähig werden, alle Seiten des menschlichen Lebens unvoreingenommen und ehrlich betrachten zu lernen.

Schließlich folgt diesem Spruch die Einsicht, dass der Mensch erkennen kann, dass in ihm auch Götter beziehungsweise gewisse Gotteskräfte leben.

Ein Mensch, der sich nicht selbst als göttlich erkennt, das heißt, in dem noch keine göttlich-geistigen Kräfte und Wesen Einzug gefunden haben, hat sich noch nicht wirklich über ein Leben als natürliche Kreatur, als Geschöpf und damit als etwas Geschaffenes erhoben. Durch die göttlichen Kräfte im Menschen hat dieser erst die Möglichkeit, selbst schöpferisch zu agieren. Schöpferkraft ist Geisteskraft, ist Sonnenkraft, ist Gotteskraft.

Wir dürfen uns demzufolge in einer demutvollen Haltung dem Göttlichen in uns und in der Welt annähern lernen. Dann erst werden wir uns als ein „ganzer" Mensch, im Bewusstsein der vollen Würde des Menschseins erkennen. Das heißt nun aber nicht, dass der Mensch, auch als Krone der Schöpfung, sich über die Natur, über die Erde und über die Mitmenschen stellen, sich über diese erhaben fühlen und erleben soll.

In der Demut erst akzeptieren wir auch unsere Unvollkommenheiten und persönlichen Grenzen. So werden wir allmählich auch bereit, uns der Gottes- und Nächstenliebe zuzuwenden. Demut hat dabei aber nichts mit einer Selbsterniedrigung zu tun, denn sie sieht zunächst die Schwächen der eigenen Seele und nimmt diese schicksalsergeben an, ohne dabei die Hoffnung zu verlieren, weil es Kräfte und Mächte im Inneren des Menschen gibt, die ihm immer wieder Hilfen anbieten, die ihn aufrichten und ihm sogar neue, zukünftige Impulse schenken können.

Die tiefste Hoffnung, die wir haben können, ist die Hoffnung an den Glauben, dass die Liebe, dass das Gute, Heilige und Reine immer wieder siegen wird. Die Kraft des reinen, des ursprünglichen Lebens ist die stärkste Macht in der ganzen Welt. Darauf dürfen wir hoffen.

Das natürliche Leben, das wir alle kennen, ist bestimmt durch ein Wachsen und Welken, ein Entstehen und Vergehen. Daraus kann man nicht wirklich eine Hoffnung schöpfen. Das ursprüngliche, das unvergängliche Leben, das alles Sein erhält und trägt, wird vor allem errungen durch die Liebe, zuerst, in dem das Leben, so wie es ist, das Gedeihen und das Sterben, angenommen und erliebt wird. Ohne Tod gibt es folglich auch kein wirkliches, kein reines, jungfräuliches und immerwährendes Leben. Doch um dem Tod standhalten und ihn überwinden, ja erhöhen zu können, braucht es die Hoffnung, die Hoffnung auf ein Leben nach dem Tod, die Hoffnung auf ein ewiges Leben, das über dem Prinzip von Geburt und Tod und damit auch über dem natürlichen Leben erhaben ist.

Die Hoffnung ist schließlich selbst eine Lebenskraft und damit eine tiefe, innerseelische Willensenergie, die uns selbst aus der Zukunft entgegenkommt, dies aber erst, wenn wir diese Hoffnung auch wollen und anstreben.

Der Glaube ist eine geistige Kraft; er ist lichtvoll und stärkt in uns das Vertrauen und die innere Gewissheit. Die Hoffnung ist, wie gesagt, eine Lebenskraft, die uns aus der Zukunft entgegenkommt, wenn wir sie im Hier und Heute achten, ehren, schätzen und erkennen. Wenn die Hoffnung stirbt beziehungsweise vernachlässigt wird, bekommen die Todeskräfte, wie zum Beispiel die Angst, die Verzweiflung, die Verbitterung und die Finsternis recht leicht die Überhand.

Eine Hoffnung zu erhalten, ist letztlich immer auch eine Gnade, die ursprünglich vom himmlischen Vater kommt, wenn wir sie denn wollen und wir sie bewusst anstreben, das heißt, wenn wir uns für sie öffnen können – in Demut und Hingabe.

Durch eine innerseelische Andacht und durch eine innere Zuwendung zu den lichten Kräften des Vertrauens und des Glaubens an die himmlischen Mächte und in einer entschlossenen Treue zu diesen, die uns auch in schwierigen Zeiten beistehen und die uns helfen und begleiten, wenn wir die Hoffnung nicht verlieren, ja, dadurch wächst der Mensch allmählich in den Himmel hinein.

Diese Hoffnung können und sollen wir als ein heiliges Feuer in uns pflegen. Das ewige Licht, die innere Sonne, der Gottesfunke beginnt alsdann in uns zu leuchten und allmählich vermehrt zu brennen. Der Glaube an, die Hoffnung auf und die Liebe zu diesem inneren Heiligtum ist wie der Brennstoff, mit dem wir die innere, die göttliche Flamme nähren können. Damit wird das Dunkel, das unsere Seele verfinstern will, vertrieben.

Wir sind ja selbst eine Sonne, in unserem innersten Sein, die so groß ist wie das weite All und die wiederum auch so klein ist, ein Punkt, ein Funke, ein Sternenstrahl, der in unserem Herzen eine

Wohnung hat. Innen und außen, oben und unten, alles zerrinnt in dieser Sonnensphäre, denn die geistige Sonne ist überräumlich und überzeitlich, so wie in analoger Weise die Hoffnung das Zeitliche überragen beziehungsweise als Hoffnungskraft das Zeitliche sogar transzendieren kann und wie sie auch aus dem Überzeitlichen in das Zeitliche, in unser Leben scheinen will und kann. Daher kann sie auch Flügel schenken, mit denen wir vom Punkt zum Umkreis beziehungsweise von und in der Herzensliebe bis in die weite Welt und selbst bis in die Welten des Göttlichen eine Verbundenheit erleben, die uns eine Zuversicht, ein Angekommensein und ein Vertrauen schenkt.

Und irgendwann sind alle Wolken der Seele verschwunden und wir sehen die Welt und unser manchmal auch schwieriges Leben in voller Klarheit neu erstehen. Wir fühlen uns durch eine neue Kraft beschützt, geborgen, geführt, gestärkt und geliebt. Und diese Kraft brauchen wir, braucht unsere Seele, damit wir auch viele andere Menschen, letztlich der gesamten Welt, der Natur und der Erde davon geben können, nämlich: Güte, Güte und nochmals Güte.

Dies ist schließlich die Kraft und die Stärke, die uns zugute kommen kann, wenn wir der Hoffnung in uns einen Raum geben, damit sie uns führen und tragen kann – durch alle Abgründe der Welt bis zum Grund der Welt, zu Gott.

9

# Eine neue Geistigkeit

Menschen bauen sich Tempel, Kirchen, Moscheen und Synagogen, um sich darin einem religiösen Leben widmen zu können. Natürlich könnte dies auch im „stillen Kämmerlein" vollbracht werden. Die Gemeinschaft der Gläubigen, unter der Anleitung eines Priesters miteinander verbunden und in einer rituellen oder sakralen Handlung vollzogen, bewirkt jedoch eine enorme Verstärkung und Anhebung, die allein auf sich gestellt, nicht so leicht zu erreichen ist. So stellt der Tempel in seiner exemplarischen Bauart, archetypisch gesehen, eben auch die religiöse Tradition und das religiöse Verständnis einer jeweiligen Kulturepoche dar.

Der salomonische Tempel, als Beispiel, zeigte in seiner ursprünglichen Bauweise drei Bereiche, die dem religiösen Fortschritt der Menschen entsprechen können beziehungsweise die einen Weg aufzeigen, wohin sich der Mensch ausrichten kann. Dabei war dieser urbildliche salomonische Tempel in den Vorhof, in das Heiligtum und in das Allerheiligste unterteilt. In den Vorhof durften alle hinein, in das Heiligtum mit dem Rauchopferaltar nur die Priester und in das Allerheiligste mit der Bundeslade darinnen, ja, dieser Raum war allein dem Göttlichen vorbehalten. Nur einmal im Jahr durfte der Oberpriester hinein.

Diese Aufteilung möchte heute so natürlich niemand mehr haben, denn das Göttliche, das Allerheiligste soll ja für jeden zugänglich werden. Und doch zeigen diese drei Bereiche urbildliche Stufen, die auch heute noch gültig sind. Dabei ist der zukünftige Tempel nicht mehr nur in einem äußerlichen Gebäude zu finden, denn dieser ist ausgebreitet auf das soziale und spirituelle Leben der Menschheit. Die Menschheit selbst stellt also den Tempel dar.

Und so können wir im „Vorhof" auch die vielfältigsten Strömungen sich tummeln sehen, wie heute viele Körper- und Psychotherapien, Wellness-Angebote mit New Age- und Esoterikeinflüssen, Tantra, Yoga, Schamanismus, Mystik, Vodoo, Magie und den vielen religiösen und kirchlichen Strömungen, wie auch östliche Traditionen und vielem mehr. Oftmals sind diese Bestrebungen mit dem Wunsch nach mehr Glück, Wohlstand und Gesundheit verbunden, man will sich dabei meistens selbst „erhöhen", optimieren oder zumindest sein religiöses Gewissen beruhigen, manchmal sich auch nur bereichern und am liebsten gleich erleuchtet sein. Christus stieß aber die Händler und Wechsler aus dem Tempel hinaus. Der Tempel soll ein Haus Gottes und der Anbetung sein, göttliche Kräfte sollen darin zum Wirken kommen. Dazu muss sich der Mensch von vielen irdischen Begehrungen reinigen und läutern. Im sogenannten Heiligtum des salomonischen Tempels stand der Rauchopferaltar. Hier wurde geopfert, damals zumeist noch Tiere. Heute geht es darum, die niederen, die egoistischen, die tierhaften Motive zu opfern; der Eigenwille soll sich wandeln, hin zu einem höheren Willen und zu höheren Motiven, wie der Gottesliebe und den seelisch-geistigen Qualitäten der Hoffnung, des Glaubens, der Treue, des Friedens und so weiter. Doch diese Kräfte können wir nicht erzwingen, aber eine freiwillige Bemühung und ein seelisches Streben wird schon verlangt. Die göttlichen Kräfte werden uns letztlich sogar geschenkt, nämlich durch die Gnade Gottes. Das Allerheiligste, die Bundeslade enthält diese göttlichen Kräfte. Hier durfte der Oberpriester nur einmal im Jahr hinein. Was er da erfuhr, wurde hinaus in das Heiligtum zu den Priestern getragen, die wiederum diese heiligen Mysterien, zumeist in verschlüsselter Form, dem Vorhof verkündeten, zum Beispiel durch und in Mythen und Märchen, in Göttergeschichten, in Inspirationen der Kunst und Wissenschaft, in Anordnungen für die Landwirtschaft und für die Medizin. Dies geschieht heute alles nicht mehr nur in einem äußeren Tempel, denn der Mensch hat diesen Tempel als eine geistige Potenz auch in sich.

Vorhof: Persönliche Wünsche, Neigungen, Sehnsüchte und Begierden, aber auch religiöse und spirituelle Schulungen, Studien und Exerzitien haben hier einen Ort.

Heiligtum: Ein innerer Weg durch Gebete, Meditationen und Reinigungen, vor allem aber durch ein Opfer und eine Läuterung der Seele soll beschritten werden, bis hin zu vielfältigen Erkenntnissen und Erleuchtungen. Das göttliche Licht strömt dem Geistesschüler zu und zwar aus dem Allerheiligsten selbst. Hier erst kann eine Gott-Einigung stattfinden.

Je näher wir in unserem Innern an dieses göttliche Urlicht herankommen, um so sinnvoller wird unser Leben. Je weiter wir uns davon entfernen, um so sinnloser, oberflächlicher und negativer werden die Auswirkungen davon sein. Da nützt auch alle Gelehrsamkeit und Gescheitheit der Welt nicht viel. Die ach so Gelehrten der Naturwissenschaften und geistig Gebildeten, leider machen sie die Welt oftmals immer unlebendiger und unfruchtbarer. Die Klugheit der Welt ist ja bekanntlich eine Torheit vor Gott. Nur das, was mess-, zähl- und wiegbar ist, gelten zu lassen, versagt in den höheren Reichen. Ein Vater der Philosophie, Sokrates, sprach den bekannten Satz: „Ich weiß, dass ich nichts weiß". Vor diesem Hintergrund wird dieser Satz erst verständlich, denn was nützt uns sämtliches irdische Wissen, wenn wir blind sind für die Reiche des Jenseits und des Himmels. Das irdische Leben währt nur kurz und die Gesetze des Irdischen verlieren ihre Bedeutung in den seelischen und in den geistigen Sphären.

Selbst die Unternatur, also die untersinnlichen Welten der Quanten und elementaren Teilchen, entsprechen nicht mehr den Gesetzen der natürlichen, physikalischen und chemischen Welt. Die Übernatur, also die übersinnlichen Sphären, beinhalten wiederum ganz andere Gesetzmäßigkeiten. Das fängt im Bereich des Lebendigen an, geht weiter in die seelischen Gesetzmäßigkeiten und noch weiter in geistig-kosmische Sphären, die vor allem aus moralischen Kräften gewirkt und geschaffen sind. Diese kosmischen Gesetze zu erkennen und nach ihnen zu leben, macht den Menschen erst wirklich frei. Denn hieraus urständen die Schicksalsgesetze, zum Beispiel das: „Was du säst, wirst du ernten!" Einfacher kann man das sogenannte Karma-Gesetz nicht ausdrücken. Zufall oder Notwendigkeit? Eine Einsicht in die Notwendigkeiten führt allmählich hin zu einer echten Freiheit.

Heute wird die Vernunft und die Religion, also die Wissenschaft und damit die Erkenntnis zu den religiösen Glaubensinhalten, noch als ein Gegensatz angesehen. Doch selbst so ein genialer Wissenschaftler wie Max Planck sprach den bemerkenswerten

Satz aus: „Die Wissenschaft dient der Erkenntnis, die Religion dem guten Handeln". Erkenntnis allein reicht nämlich bei weitem nicht aus, was man heute ja sehr gut einsehen kann, wenn wir die vielfältigsten Schwierigkeiten, zum Beispiel in der Umwelt-Problematik oder im sozialen Gefälle, betrachten. Jeder weiß eigentlich, wie zu handeln wäre, doch die Wenigsten tun es wirklich. Zum guten und richtigen Handeln fehlt oftmals die Kraft, sowie ein ausdauernder Wille beziehungsweise dann auch ein lebendiges und liebevolles Gefühl für ein beherztes Handeln.

Wirkliche Freiheit strömt uns aus dem Allerheiligsten zu. Das Allerheiligste, das Göttliche, das himmlische Empyrium und Elysium oder wie man dieses auch nennen will, es waltet über dem Kosmos, auch über den Welten der kosmisch-moralischen Gesetze und der seelisch-geistigen Kräfte und Fähigkeiten. Und dieses Allerheiligste, es ist eben auch im Menschen, sogar in seiner Person, im Kern seines persönlichen Wesens, im Kern des Ich: als Urlicht, als Ur-Ich, als göttliches Selbst, als Gottesfunke. Dieser Funke wurde durch das Leben Christi im Menschen Jesus von Nazareth eingesetzt, wiederbelebt und erneuert, da sich der Mensch durch den Sündenfall immer mehr und immer weiter von seinem göttlichen Urbild und Ursprung entfernt hatte.

Im Christus-Ich begegnet sich der göttliche Vater, das schöpferische Prinzip, als ein Gnadenstrom von Gott gesandt, mit den Menschen, die in der Bemühung und im Streben, also in der Hinwendung des Menschen zu Gott, darin einen Mittler finden. Diese beiden Ströme kamen durch Christus im Menschen zusammen, denn Christus kam vom Allerheiligsten, er stieg hinab bis in den Vorhof, bis in die irdische Welt, er ging den Weg in das Heiligtum, opferte sich selbst (im Planetenweg vom Mond bis zum Saturn) bis in den Tod und ist da auferweckt worden von den Vaterkräften, von den Kräften des Allerheiligsten und dies in einer neuen Sonnensphäre, die über allen Welten erstrahlt und diese alle durchdringt und damit erhöhen kann. Christus nimmt alle Welten an und verbindet sie wieder mit dem Vatergrund, mit dem Ur-Schöpfer-Prinzip der Liebe, der Weisheit und dem ewigen Leben. Diese Kräfte schenken dem Menschen letztendlich eine Freiheit, eine Freude und einen Frieden. Dies macht Sinn und führt voran. Aus diesen Kräften heraus sein Leben zu gestalten, seine Aufgabe und Berufung zu ergreifen, führt den Menschen und die Welt zum Heil. Und darauf kommt es schließlich an.

Der Mensch bemüht sich im Irdischen und ringt um das Licht mit den Mächten, die ihn von Christus, die ihn vom göttlichen Licht abhalten wollen. Dazu sind den finsteren Mächten zahlreiche Kräfte, Künste und Verheißungen gestattet: von einem Schein-Licht bis hin zur Entfachung der menschlichen Gier, mit der sich der Mensch selbst einen Thron erbaut, auf dem er seine eigene Welt kreieren will. Dies will ja alles erkannt und dann auch gewandelt werden. Letztlich hängt des Menschen spiritueller Fortschritt vor allem von der göttlichen Gnade ab, deren wir uns jedoch würdig und reif machen sollen.

Die Sonnenkraft der göttlichen Liebe, die höchste Ich-Freiheit und Herzensfreude will im Menschen auferstehen, in ihm ihr Wesen enthüllen. Das ist die wahre Kommunion. Die Geistessonne im Herzen verbindet die Welt der Seele, der Planetenqualitäten, mit der Welt des Lebendigen, des Natürlichen, sowie mit den Fixstern-Sphären des geistigen Lebens bis zum äußersten Umkreis, bis zu den Schicksals-Gesetzen des weiten Alls, darin sich der Wille und die Kräfte und Mächte des Vatergottes offenbaren.

Im göttlichen Sohn, in Christus, ist der Vermittler, ist die Geistes-Sonne zu sehen, die die Vatergottheit mit der Menschheit verbinden kann und zwar durch den heiligen Geist, der alles Sein durchströmt und durchwirkt. Durch diese Sonnen-Geistes-Liebessphäre kommt der Mensch in seinem Herzen bis zum Fixsternhimmel und weiter bis in die Sphären des Allerheiligsten, in den Feuerhimmel, in den Welten-Grund hinein. Denn in des Menschen geistigem Herzen sind alle Welten in einem Keim, in einem Funken vereint. Dort können sie gesucht und mit der Zeit auch immer mehr und immer besser gefunden werden.

Im Tempel, den Johannes in der Apokalypse schildert, gibt es jedoch keinen Vorhof mehr, denn der Mensch wird hier zum Träger des Allerheiligsten im Heiligtum, in sich selbst. Das gilt es doch zu beachten.

# Soziale Gerechtigkeit

Heutzutage wird immer öfters ausgesprochen, dass vor allem das kapitalistische Wirtschafts-System die Ursache ist für die sozialen Ungerechtigkeiten in vielen Ländern und Gesellschaften. Die Reichen können durch dieses System die Armen und Schwachen immer weiter ausbeuten - und dies ganz „legal". Jedoch, wo ist der Ursprung, wo ist die geistige Idee und wo ist die Ursache für dieses System zu finden, das die einen besser und reicher, die anderen dagegen ärmer und schlechter stellt?

Dieses System der Erniedrigung einzelner, damit andere gewisse Vorteile haben, gibt es nicht erst seit dem sogenannten Kapitalismus, sondern es reicht weit in die Vergangenheit zurück, wenn man zum Beispiel die Sklavenhaltung oder ähnliches betrachten will. Nur können wir heute mit wissenschaftlichen Begriffen solche Mechanismen besser verstehen, wie sie zum Beispiel auch in der Biologie durch den Darwinismus beschrieben sind.

Die natürliche Auslese, so wie diese in bestimmten Verhaltensweisen in der Natur beschrieben ist, wo dann in der Art-Erhaltung nur die Besten und die Stärksten, auch die Anpassungsfähigsten weiterkommen, wurde und wird bis heute in vielen Gebieten des gesellschaftlichen Lebens angewandt, des Öfteren nicht einmal bewusst. Jedoch, unser gesellschaftliches System lebt in vielen Bereichen gerade von und aus solchen Gedankengründen. Und das fängt schon sehr früh an, in der Erziehung, in der Schule und pflanzt sich durch den Konkurrenz- und Wettbewerbsgedanken durch alle Gesellschaftsbereiche fort.

Doch schaut man den Darwinismus, auch den Sozial-Darwinismus, wie dieser in vielen Arbeitszusammenhängen heute dargelebt wird, etwas näher an, so können darin sehr erschreckende Auswüchse gefunden werden. Zunächst kann selbst auf der biologischen Ebene ein einseitiger Darwinismus zu einer Verminderung der Artenvielfalt führen, wie das zum Beispiel in den Wäldern Kanadas beobachtet werden kann oder selbst in Gärten und in der Landwirtschaft, wenn sich bestimmte Arten ausbreiten und damit andere verdrängen. Eine blühende Vielfalt der Kulturlandschaften in der Natur ist ohne das Eingreifen und Pflegen des Menschen nur in Tropengebieten möglich, wo das Leben noch im Überfluss vorhanden ist. In den gemäßigten Breitengraden entstehen ohne ein menschliches Einwirken eher eintönige Landschaften, worin sich eben nur bestimmte Arten durchsetzen.

Im menschlich-sozialen Gebiet bewirkt der Darwinismus, also die Auslese und der Kampf ums Dasein, fast noch Schlimmeres. Es ist bis in unsere Tage erschreckend zu beobachten, wie an unseren Schulen immer noch Konkurrenz, Druck und Einschüchterung an der Tagesordnung stehen, als hätte man von der Geschichte nichts gelernt.

Ein Friedrich Nietzsche, als Beispiel, der den „Übermenschen", quasi den „Supermann", also eine gewisse „Elite" anstrebte und sich vom „Pöbel", den Ungebildeten absondern wollte, ist selbst daran zerbrochen. Auch ein Adolf Hitler, der den „Herrenmenschen" aus Rasse und Ideologie erschaffen wollte, ist zutiefst gescheitert.

Doch der Darwinismus lebt weiter, bis in unser Schulsystem hinein. Vor allem Gymnasien und manche Privatschulen, also unser leistungsorientiertes Schulsystem ist ausersehen, gewisse Eliten heranzubilden. Doch was für „Eliten" entstehen daraus?

Immer weniger wird oftmals auf eine Allgemeinbildung wert gelegt. Die musischen und künstlerischen Fächer führen zumeist ein Schattendasein und praktische Fähigkeiten braucht ein Gymnasiast scheinbar nicht, denn die anfallende „Drecksarbeit" sollen ja die „Dummen" machen. Das naturwissenschaftliche und abstrakte Denken wird enorm forciert, Kopfarbeit ist angesagt, Spezialisierungen werden vorangetrieben. Durch Notendruck und Einschüchterungen fordert man eine Anpassung an das System. Wer sich nicht fügt, wird selektiert.

In der Ökologie hat man inzwischen erkannt, dass biologische Systeme nicht allein vom Darwinismus, von der natürlichen Auslese abhängen, sondern vor allem von der Symbiose, von der Vernetzung und dem Zusammenwirken der verschiedenen Arten. Ein ökologisches System kann nur gedeihen, wenn alle Arten mitwirken, wenn also die Artenvielfalt gewahrt bleibt. Ein gegenseitiges Gebrauchtwerden ist hier die treibende Kraft, denn in einem Ökosystem hängt alles mit allem zusammen. So auch in einem gesellschaftlichen Leben.

Nehmen wir als Beispiel eine Schulklasse. Da wird es immer ein paar herausragende Schüler geben, eine größere Anzahl Mittelmaß und dazu ein Grüppchen von Schülern, die leistungsmäßig hinterherhinken, dafür oftmals in ihrem sozialen Verhalten etwas aufmüpfiger und frecher sind. In einem Sozial-Darwinismus werden diese meistens recht schnell ausselektiert, sie bleiben sitzen oder verlassen die Schule nach erheblichem Druck und Mobbing seitens der Lehrerschaft. Und im gesellschaftlichen Leben landen die vermeintlich Schwächeren oftmals in den Sozialämtern beziehungsweise in der Arbeitslosenverwaltung. Sie wurden quasi auch ausselektiert. Auf der politischen Ebene hätte man in entsprechender Weise die ärmeren Länder Europas, wie zum Beispiel Griechenland während der Finanzkrise, am liebsten nicht mehr dabei. Aber das wäre das Ende eines sozialen und gemeinschaftlichen Europas.

Denn zu was führt es, wenn nur noch die „Eliten", die Besten, die Angepasstesten, die „Schleimer" und Opportunisten das Sagen haben? Was geschieht in einem Klassenorganismus, wenn die Schwächeren aussortiert werden? Ja, welchen Sinn haben denn die Schwächeren, könnten sie haben in einem System der Symbiose, wenn sie nicht ein Opfer des Darwinismus werden?

Hilft der Stärkere den Schwächeren kann er selbst soziale Fähigkeiten erlangen, die er ohne diese nicht entwickeln könnte. Der Schwächere profitiert natürlich auch von solchen Hilfen. Ein sozialer Organismus wächst zusammen.

Durch das verkürzte Gymnasium und damit mit einer Stoffesfülle einhergehend, die eben in kürzerer Zeit aufgenommen werden muss und die von vielen nur mehr über ein „Bulimie-Lernen" zu schaffen ist, also ohne eine Vertiefung und Verwurzelung, sowie der oftmaligen Ausrichtung der Lehrerschaft auf die „Guten" hin, die man zum Maßstab für alle machen will, entsteht eine Schieflage, die den sozialen Organismus einer Klasse beschädigt. Und das ist ja nicht nur in der Schule so. Sämtliche Bereiche des sozialen Lebens sind davon betroffen.

Wo die Reichen reicher und die Armen ärmer werden, wo viele Menschen durch die hohen Leistungserwartungen im Beruf krank werden und andere, die Arbeitslosen nichts zu tun bekommen, ist der soziale Organismus sehr beschädigt, ja krank. Auch in Europa kann zwischen den einzelnen Ländern kein wirklich soziales System entstehen, wenn ein paar „Musterschüler" die Arbeit für viele machen, weil sie halt „besser" sind und manche Länder, wie die „Faulpelze" in der Schule, quasi sitzen bleiben.

Ja, viele Probleme werden durch diese vermeintlichen „Eliten" eben erst  richtig geschaffen. Wäre zum Beispiel die deutsche Wirtschaft nicht so expansiv und damit im sogenannten Wettbewerb nicht so ehrgeizig und dominierend, würde Griechenland und einige andere Länder des Südens wirtschaftlich gesehen nicht so schlecht dastehen. So sind die „Reichen" immer auch mitverantwortlich für die „Armen", denn in einem ökologischen und sozialen System hängt schließlich alles mit allem zusammen und dann auch voneinander ab.

Würden die Leistungsstarken an unseren Schulen auch ein soziales Mitempfinden, eine Empathie und eine Hilfsbereitschaft für die Schwächeren erlernen können, so bräuchte es später im gesellschaftlichen Leben keine Manager mehr geben, die ohne große Gewissensbisse Tausende von Arbeitern und Angestellten  auf die Straße setzen und das zumeist aus wirtschaftlichen und finanziellen Gründen.

Ein neues System braucht neue Menschen, braucht Lehrer und Unternehmer, die sich nicht wie „Herren und Despoten" über die Schüler und Angestellten stellen, sondern braucht Lehrer, die bereit sind, auch von den Schülern zu lernen und die eine Schule als Lernanstalt für das wahre Lernen am Leben selbst begreifen.

Ebenso kann der Unternehmer und Vorgesetzte menschlich weiterkommen, wenn er sich mit seinen „Untertanen" auf Augenhöhe austauschen lernt. Denn in den zwischenmenschlichen Beziehungen hat wohl niemand wirklich ganz ausgelernt oder könnte sich jemand als „Elite" bezeichnen. Wir sollten deshalb alle Lernende bleiben, die Guten, wie die weniger Guten. Jeder hat seine Stärken und Schwächen. Einseitigkeiten in der Bildung führen zu Einseitigkeiten im gesellschaftlichen Leben. Ein egoistischer Kampf um Stellung, Status und Geld führt unweigerlich in eine Vereinseitigung hinein. Bestimmte Bereiche werden forciert, andere liegen brach. Doch ein ökologisch-soziales System erfordert eine Ganzheitlichkeit, alle Spezialisierungen führen dagegen zu gewissen Einseitigkeiten. Ein gesundes System benötigt alle, auch die Schwachen, die Kranken und die weniger Guten. Das sollten wir doch bedenken.

Eine Zusammenarbeit und ein Ausgleich, eine Symbiose soll und kann sich ausbilden. Daraus entsteht Gesundheit, nicht aus dem Ausmerzen des Kranken. Wir leben in einer Welt der Polaritäten; so sollten wir diese auch annehmen. Zum Richtigen gehört das Falsche, zum Gesunden das Kranke, zum Schönen das Hässliche und zum Guten das Böse. Ein Verurteilen und ein Aussondernwollen des Negativen bringt keine wirkliche Heilung. Diese geschieht erst, wenn wir eine Ebene finden, die über dem Polaren liegt, die folglich die Dualitäten verbinden und vereinen kann, weil sie selbst die Extreme in sich erkannt und vereinigt hat.

So kann als Beispiel hier angeführt werden, dass die Polarität von Sympathie und Antipathie, zwischen denen der Mensch normalerweise hin- und herpendelt, erst aufgehoben werden kann, wenn wir über das subjektive Empfinden hinauswachsen können. Ein Mitempfinden, ein Mitgefühl und vor allem eine ichhaft herbeigeführte Empathie schafft die Möglichkeit, sich in den anderen hineinzuversetzen, unabhängig davon, ob er mir sympathisch oder antipathisch ist. Dadurch wird eine höhere Ebene erreicht, in der die „Welt" ihr Wesen, ihr inneres Sein aussprechen kann.

Doch, es wird immer Arme und Reiche, Gescheite und Dumme, Sympathische und Antipathische geben. Nur reich, sympathisch und gescheit sein zu wollen beziehungsweise nur diese Pole zu fördern, führt irgendwann in eine soziale Schieflage und damit in eine Krankheit hinein..

Die Weisheit, die über die polare Welt hinausführen kann und in die seiende Welt des Wesenhaften und der Wahrheit einführen will, wird die Polaritäten nicht mehr nur als Gegensätze ansehen, sondern als notwendige Ergänzungen, die erst zusammen sich ausgleichen und sich damit gesunden können. Wenn der Gesunde dem Kranken hilft, haben schließlich alle etwas davon.

Die Wahrheit liegt über den einzelnen Standpunkten, Meinungen und individuellen Möglichkeiten. Sie steht über dem Richtig und Falsch, denn was für den Einen richtig ist, muss es nicht für andere sein. Diese seiende, diese überpersönliche Wahrheit, die allgemeingültig und absolut ist, gilt daher für alle Menschen. In dieser Wahrheit findet folglich auch jeder seinen Platz und seine Ordnung, denn die Wahrheit schafft erst wirklich eine soziale Ordnung und Gerechtigkeit. Dahin gelangen zu können, ist jedoch nur möglich, wenn wir diese Wahrheit auch lieben lernen. Nicht mehr die persönlichen Standpunkte sind darin entscheidend, obwohl diese natürlich auf einem bestimmten Gebiet ihre Berechtigung haben. So hat ein mathematisch-physikalischer Standpunkt seine Berechtigung im Bereich der Materie und der Physik, jedoch, schon im seelischen Leben wird er versagen müssen.

Die Wahrheit schließt alle Standpunkte ein, einen rational-materialistischen, wie auch einen psychisch-emotionalen oder einen spirituellen, einen phänomenologischen, sowie einen idealistischen, sie überhöht diese jedoch alle, da die Wahrheit übergeordnet ist und einer Sphäre entstammt, die mit dem gewöhnlichen Verstandesdenken nicht mehr so leicht zu ergründen ist.

Der Ausspruch: „Die Gescheitheit der Menschen ist eine Torheit vor Gott" kann so etwas Erhellung erfahren. Die Bereiche der Wahrheit, der Liebe und des Lebens sind dem Gehirndenken zumeist verschlossen. „Nur mit dem Herzen sieht man gut".

So findet sich auch in der Natur ein übergeordnetes System mit einer Weisheit, die begrenzt, wo etwas zu viel ist und fördert, wo zu wenig ist und damit einen gesunden Ausgleich schaffen kann.

Beim Menschen vermag es die Herzensweisheit auch schon viel eher, in das Verbindende, in das Umfassende, in das Weisheitsvolle und Ergänzende unseres Daseins einzudringen. Darin sich auszubilden, könnte durchaus auch ein Auftrag einer Schule sein, die nicht nur Lernstoff vermittelt, sondern die damit vor allem zu einer Lebensschule heranreifen kann. Daraus könnten junge und gesunde Menschen hervorgehen, die zukünftig fähig sind, einen sozialen Organismus so zu gestalten, dass alle Bereiche der irdischen Lebenswelten, die Natur, die Kultur und das Soziale, die Wirtschaft, das Geldwesen, der „Besitz" von Grund und Boden, die Landwirtschaft, die Ernährung und damit die Zukunft der Erde gesunden und gedeihen können.

Auf diesen Gebieten sind wir ja alle noch Lernende und meistens haben die jüngeren Generationen darin sogar gewisse Fortschritte gegenüber den älteren zu verzeichnen. Darum, hemmen und manipulieren wir die Jugend nicht mehr so stark, sondern fördern und lehren wir eine echte Menschlichkeit, aber nicht nur in einem kirchlich-institutionellen oder gar in einem moralisierenden Sinne. Die Förderung der Menschlichkeit geschieht am besten durch gute und authentische Vorbilder, die alle Bereiche des menschlichen Lebens, die das Soziale, die Wirtschaft, die Bildung und das kulturelle Leben umfassen wollen und dies vor allem in einer Ganzheitlichkeit aus Kopf, Herz und Hand, so wird allmählich eine Kultur erstehen können, in der eine soziale Gerechtigkeit, sowie eine Anteilnahme an den Mitmenschen und an der Erde zu einer Selbstverständlichkeit heranreifen kann.

Dies ist schließlich auch eine grundlegende Bedingung, um sich als Mensch und damit auch als Menschheit dem Göttlichen nähern zu können. Beginnen wir aus dieser göttlichen Wahrheit heraus zu leben, so wird auch unser individuelles Leben wahrhaftiger, ehrlicher und gesünder werden können.

# Gott und Schöpfung

Beten alle gläubigen Menschen zum gleichen Gott, auch wenn es dafür verschiedene Namen in den Religionen gibt?
Pantheistische Religionen kennen viele Götter, ebenso die Naturreligionen, in denen meistens geistig-übersinnliche Naturwesen und bestimmte Schöpfergeister um Hilfe, Schutz und Fruchtbarkeit angerufen werden. Hier ist das Göttliche noch innerhalb der Schöpfung, wenn auch nicht direkt im Sichtbaren zu finden. In den Naturreligionen sind Gott und Schöpfung noch eines.
In den monotheistischen Religionen des Judentums, des Christentums und des Islam steht Gott über allen irdischen Reichen – im Himmel, im Paradies, im Ain, im Empyrium oder Elysium, wo aber irdische Begriffe und Denkweisen diese Reiche des göttlichen Seins nicht mehr wirklich erfassen können.
Ist nun Allah, Jahwe, der Vater oder vielfach nur der, den wir als Gott bezeichnen, ist er es oder wer ist sonst der Schöpfer von allem Sein?
Wenn der Christ das „Vater unser" betet, der Moslem sein Gebet zu Allah richtet mit den deutschen Worten „Gepriesen sei Gott, gelobt sei Gott, Gott ist groß", so haben wir hier natürlich ein gemeinsames Ziel, das auch im Judentum entsprechend zu finden ist.
Wenn man alle großen Weltreligionen betrachtet, so lassen sich diese etwas differenzieren, zuerst in die „Vaterreligionen", wo es hauptsächlich um das Einhalten bestimmter Gesetze und Ordnungen geht. Dazu zähle ich den Islam, das Judentum und die Naturreligionen. Naturreligionen sind eigentlich eher Mutterreligionen, da die Natur mit ihren Wesen der göttlichen Mutter, der Himmelskönigin, im Griechischen der Demeter, der Gaia oder der Göttin Natura, also der Mutter Erde entspringt.
Sodann lassen sich die Geistreligionen des Hinduismus, des Buddhismus und des Taoismus aufzählen, wo es hauptsächlich um das Weisheitsvolle und Lebendige im Kosmos und im Menschen gehen soll.

Die Sohnesreligion und damit das Christentum, bildet in diesem Kontext eine Mitte, da Christus als Logos, als Schöpfer-Worteskraft zwischen Gott und damit zwischen den überkosmischen, himmlischen Sphären und dem Kosmos, also der Schöpfung und deren Naturwesen vermitteln und verbinden will.

Sicherlich ergeben sich daraus viele Überschneidungen, so dass gewisse Trennungen im religiösen Denken und Erleben zukünftig überwunden werden sollen. Die verschiedenen Religionen können sich dabei gegenseitig stützen, befruchten und weiterhelfen, somit auch zusammenarbeiten, da die Angriffe auf den inneren, auf den religiösen Menschen, wie auf die göttlichen Prinzipien im Allgemeinen, zukünftig immer heftiger werden. Ein einseitiger Materialismus und Intellektualismus, wie auch die menschliche Bequemlichkeit, Eitelkeit und Hybris, sie sind Feinde eines religiösen und spirituellen Lebens und das werden alle Religionen zu spüren bekommen.

So wie die Wissenschaft die Gesetze der Welt ergründen will und auch soll, so wollen die Religionen dem Menschen helfen, dass er zu einem guten, sittlich-moralischen Denken und Handeln heranreifen kann. Der gute beziehungsweise der wahrhaft von Gott erleuchtete Mensch ist die Religion. Die Religion ist nämlich der Mensch, der sich mit Gott verbunden weiß. Religio heißt im übertragenen Sinn: wieder- oder rückverbinden. Dies ist das Zentrale aller Religionen, wenn auch die Buddhisten ein Göttliches nicht im „Außen", in einem fernen Himmel suchen, so wollen sie doch die Buddha-Natur in sich selbst entdecken; das ist das reine, das erleuchtete Geistwesen, das in des Menschen Innerem gefunden werden kann, vor allem, wenn er sich von allen irdischen Anhaftungen zu befreien vermag.

Letztendlich finden sich in allen Religionen gewisse Differenzierungen, die zumeist in der Frage urständen: Wo ist Gott beziehungsweise wo und wie ist das Göttliche zu finden? - Ist er in der Schöpfung, in einem fernen Himmel oder im Inneren des Menschen?

Doch für viele Menschen sind solche Fragen überhaupt nicht mehr relevant. Oftmals überwiegt heutzutage in unserer Gesellschaft das Streben nach einem persönlichem Nutzen und Gewinn. Der Geist der Aufklärung, des Individualismus und des Humanismus, so hoch man ihn in den modernen Gesellschaften und Kulturen auch einschätzen muss, er reicht, wenn man die Zeitereignisse vorurteilsfrei betrachtet, alleine nicht mehr aus, um zu einem wirklich guten Handeln gelangen zu können. Die Verlockungen, die Verführungen und die sogenannten Sachzwänge von Außen sind so immens geworden, dass allein aus menschlichen Beweggründen diesen Attacken oftmals nicht mehr genügend standgehalten werden kann. Man braucht ja nur sich selbst und seine guten Vorsätze anschauen und was meistens nach einiger Zeit daraus geworden ist. Ohne geistige Hilfen wird es für den Einzelnen immer schwieriger werden, sich gegen die finsteren und vereinnahmenden Kräfte behaupten zu können.

Der religiöse Geist schenkt Kraft, Glaube und Hoffnung und das in allen Religionen. Wir brauchen folglich mehr denn je eine wahre und starke Religion, um den dunklen Mächten aus Geld, Macht und Zerstörung etwas entgegensetzen zu können. Natürlich bin ich mir auch dessen bewusst, dass auch religiöse Institutionen von Dunkelmächten vereinnahmt und missbraucht werden können, was die Geschichte ja immer wieder zeigt.

Im jüdischen Geist wurde zum Beispiel der Zins ins Geldwesen eingeführt, was heute durch den Zinseszins zu riesigen sozialen Ungleichgewichten führt. Zinsen zu nehmen war bei den monotheistischen Religionen ursprünglich untersagt. Christus stieß ja bekanntlich die Händler und Wechsler aus dem Tempel hinaus. Das Christentum hat es aber bis heute nicht verstanden, ein sozial gerechtes Geldwesen zu erschaffen, außer in früheren Zeiten in den sogenannten „Ketzerbewegungen" der Tempelritter, die aber von der Kirche und vom Machtstaat vernichtet wurden.

Der Islam ist in diesem Kontext mit seinem Bankenwesen noch am fortschrittlichsten, er wird in heutiger Zeit aber von vielen als rückständig betrachtet, auch weil er alles Leben und dann auch das staatliche Recht dem Religiösen beziehungsweise den religiösen Geboten unterordnen will.

Jedoch, jede einzelne Religion hat natürlich eine einmalige, nämlich eine geschichtlich entstandene Berechtigung und damit auch bestimmte einzigartige Färbungen, die vielleicht erst zusammen in das große Ganze hineinführen können.

Durch Jahwe oder Jehowa kam das Gesetz der Juden zustande. Darin drückt sich eine hohe Weisheit, zum Beispiel in der Kabbala aus, die den gesamten Kosmos in verschiedenen Stufen, Sphären und Ebenen begreifen hilft. Der Buddhismus lehrt das Mitgefühl, mit dem wir erst über unseren „kleinen Menschen" hinauskommen können, letztlich hin zu einem rein geistigen Sein, das alles ist und alles in sich enthält. Im Hinduismus finden wir eine hohe Götterlehre und Spiritualität, die alle Bereiche des Universums umfassen kann. Im Taoismus wird die Weisheit geehrt, die bis ins irdische Sein gestaltend und heilend eingreifen will. Im Judentum waltet eine gewisse Strenge und Gerechtigkeit, im Christentum Toleranz, Vergebung und Liebe, im Islam eine Gottergebenheit und Barmherzigkeit.

Überall finden sich darin göttlich-menschliche Attribute, die wir alle bejahen und anstreben dürfen. Nur die Formen des Religiösen ändern sich von Zeit zu Zeit. So haben manche religiöse Formen und Sitten ihre Kraft und dann auch ihren Sinn in neuerer Zeit verloren, wie zum Beispiel, dass Frauen keine Priester werden sollen. Die wesentlichen Inhalte aber, das, was der Einzelne an seelisch-geistigen Kräften und Fähigkeiten aus dem jeweiligen religiösen Leben schöpfen kann, das bleibt bestehen.

Um nun aber das Verhältnis von Gott und Schöpfung etwas näher beleuchten zu können, will ich im Folgenden einige Einsichten und Begriffe aus der christlich-hermetischen Philosophie auswählen. Gewiss, jede Religion und Geistesströmung hat ihren eigenen Schöpfungsmythos; darauf kann ich hier nicht eingehen. Ich spreche hier aus dem Geist des Christentums, aus dem einmal die ganze Schöpfung angenommen und verwandelt werden soll. Dazu sollen hier nur einige grundlegende Gesichtspunkte erwähnt werden.

Das erste geschaffene Wesen, in dem Gott, der unaussprechliche Urgrund, sich selbst erschuf, ist Christus, der Erstgeborene. Das Vaterwesen, das noch nicht in eine Manifestation getreten ist, das

25

also noch in sich selbst ruht, unerschaffen, aber doch seiend, dieser Urgrund wird im sogenannten Feuerhimmel gefunden, dem „Ort" des Unergründlichen und Unaussprechlichen, dafür es keine irdischen Begriffe und Ähnlichkeiten mehr gibt. Hier gibt es weder Zeit noch Raum, noch eine Manifestation, nur ewiges Leben, Licht und Liebe.

Daraus entspringt der sogenannte Kristallhimmel, die Logos- oder Christussphäre, ein übergeistiger und überkosmischer Bereich. In diesem, also im Christus-Wesen, quasi in der ersten Schöpfung, sind schon alle Urbilder des weiteren Schöpfungsaktes enthalten. Auch das himmlische Urbild des Menschen entstammt aus dieser Sphäre. Um also wieder ganz und heil, um also ein menschlich-göttliches Wesen werden zu können, muss der Mensch mit seinem Geist bis in diese Sphäre hinaufreichen können.

Der Geistgott, der heilige Geist, bringt im Weiteren diese Urbilder in die Manifestation: als Schöpfung, zuerst in einen Geistkosmos und dann in den weiten, sichtbaren, in den „verdichteten" Kosmos, in die Sternenwelten hinein. Mit anderen Worten könnte man auch sagen, der Schöpfergott, der Logos bringt seine Urbilder in eine geistige Manifestation; er erschafft die geistige Welt mit den Götter-Hierarchien und den vielen geistigen Wesen.

In die Mater, in die Urmaterie, in die weibliche Gottheit, in die Himmelsmutter, bringt und formt der Vatergott, durch Christus, durch den Schöpferlogos, seinen Willen ein. Daraus ersteht beziehungsweise wird  die Schöpfung gezeugt, alle Sphären, alle Hierarchien, Wesen und Elemente. Es müssen ja immer zwei Elemente beziehungsweise Komponenten zusammenkommen, damit eine Zeugung, damit eine Schöpfung geschehen kann. Die Urmaterie, wahrscheinlich ist sie sogar noch vor der ersten Schöpfung da, sie ist noch vereint im Urgrund, im Feuerhimmel, aus dem sie sich herausbegibt (der Geist schwebt über den Wassern), um anschließend befruchtet beziehungsweise mit Himmelsfeuer und Himmelskraft erfüllt zu werden. Und so geht es Stufe um Stufe weiter und tiefer, immer neue Bereiche und Sphären erschaffend.

Die sichtbare Welt, das weite Welten-All, ist dabei nur die niederste beziehungsweise die unterste Ebene, die aus der ursprünglichen geistig-göttlichen Schöpfung herausgefallen und dadurch verdichtet worden ist. Über allen Reichen des Irdischen und Stofflichen ist die Welt des Lebendigen, des Ewiglichen, das mehr ist als das biologische Leben, denn es ist gespeist aus dem Gral, dem ewigen Jungbrunnen, der Lebensquelle aller Schöpfungen. Zwischen den kosmisch-irdischen Welten und den Sphären des übergeistigen Himmels, aus denen alles Sein mit göttlichem Leben gespeist wird, erhebt sich die Sphäre des Heiligen Geistes, die Sphäre der göttlichen Weisheit. Da gibt es nun viele Wohnungen, Sphären und geistige Manifestationen, die wiederum alle Sternen-, Tierkreis- und Planetensphären durchdringen und impulsieren. Das ganze All ist bewohnt und belebt von geistigen Wesen, von den zahllosen Engel-Hierarchien, aber auch die natürlichen Welten mit den vielfältigsten elementarischen Wesenheiten und selbst die untersinnliche Welt der Technik sind geistig durchdrungen mit den entsprechenden Energien und Wesen, die ihren physikalischen Ausdruck im Magnetismus, in der Elektrizität und in der Atomenergie erfahren. Alle diese Ebenen haben im rein geistigen Sein ihr ursprüngliches Äquivalent. Ja, selbst die seelischen Welten mit den vielen Leidenschaften, Emotionen und Ängsten sind durchwest, das heißt, von mannigfachen Wesenheiten durchströmt. Von verstorbenen Seelen, Elementarwesen und selbstgeschaffenen Egregoren und Elementalen ist die seelische beziehungsweise die astralische Welt übervoll. Darin kann sich die menschliche Seele ja sehr leicht verlieren. In der Welt des Genusses, der Begierden, in einseitig materialistischen Denkweisen oder in spirituellen „Trips“, die ein leichtes und lichtes Leben versprechen, an Abirrungen und Wirrungen für die menschliche Seele gibt es genügend Möglichkeiten.

Die Schöpfung, auch die Physische, sie muss deshalb aber nicht schlecht sein oder eine Maya, eine Illusion und nur Gott, das absolute Sein, sei alles, so wie dieses zum Beispiel die Advaita-Strömungen in der östlichen Philosophie anstreben wollen. Denn wir haben als Menschen einen Auftrag auf der Erde, eine Mission. Und dieser Auftrag lautet: eine wirkliche Freiheit und eine umfassende Liebe zu erlangen, sowie unsere Einzigartigkeit als ein menschliches Wesen zu finden. Die vedische Sankhya-Philosophie nimmt entsprechend diese kosmisch vorgegebene Dualität an und versucht, an ihr als Mensch zu wachsen und zu reifen. Alle Bereiche des Seins sind letztendlich wieder miteinander zu verbinden, die göttlichen Sphären, in denen wir unser wahres Sein und Leben finden, ja, da sind unsere geistigen Wurzeln, doch auch die vielfältigen seelischen Welten, sowie unser Selbstbewusstsein als ein Ich-Wesen, wie auch die irdisch-natürlichen Welten, die Natur- und die Elementarwesen und dann auch die Körperlichkeiten, sie sind anzunehmen, denn dafür tragen wir schließlich alle eine Verantwortung und die wir dann auch übernehmen sollten. Letztlich gilt dies selbst für die untersinnlichen und dämonischen Bereiche, die dereinst miterlöst sein wollen, auch durch den Menschen, in dem dieser mit seinem Geist, mit seinem mündigen und sich selbst bestimmenden Ich sich mit Christus, mit dem Christus-Ich verbindet. „Ich in Christus und Christus in mir". Dadurch kommen die Himmelshöhen und die Erdentiefen zusammen.

Durch diese freie Tat des Menschen, durch seine selbstbestimmte innere Christusverbundenheit, kann Christus im, durch und mit dem Menschen die große Heilstat vollbringen: die Erlösung und Wandlung der ganzen Schöpfung. Aus dem Fall der Mater, der Ur-Materie in die Schwere, in die Trägheit und in das Feste hinein, geht der Christusweg durch Annahme, Opferung und Wandlung dieses Falles, hin zu einer neuen Schöpfung, die sich selbst verjüngt, die dann nicht mehr der Vergänglichkeit unterworfen ist, die also ewig ist. So wie diese Verjüngungskraft im Mysterium von Golgatha im sogenannten Auferstehungsleib des Christus errungen wurde, so kann dieser Prozess von jedem Menschen nachvollzogen und dann allmählich auch nachgelebt werden. Dies ist möglich, wenn der Kosmos, wenn die Schöpfung und damit auch wir Menschen dereinst wieder mit dem Vatergott, mit dem göttlichen Urgrund, mit dem Feuerhimmel vereint worden sind.

Wenn der Vatergott in der Schöpfung aufersteht, wenn also die Schöpfung wieder ins Vaterreich hinübergeführt sein wird, wenn der Feuerhimmel, wenn der göttliche Wille und der geschaffene

Kosmos wieder eine Einheit bilden, dann ist das Ziel der Schöpfung, unserer Schöpfung, unseres Alls erreicht. Doch das wird natürlich noch sehr lange Zeiten und für den Menschen noch viele Inkarnationen benötigen.

Dies ist aber auch schon heute unser aller Trost, dass Christus durch seine Einwohnung in den Menschen Jesus und damit in die Menschheit und in die Erde mit dieser verbunden bleibt, auch wenn er noch von vielen abgelehnt und „gekreuzigt" wird. In und durch Christus hat sich der Vatergott erneut mit seiner Schöpfung verbunden; er ist damit wesenhaft, ichhaft, ja sogar biographisch und in vollkommen bewusster Weise in seine Schöpfung eingegangen, quasi von Innen, vom Menschen her, wodurch diese allmählich wieder mit den göttlichen Seinsbereichen verbunden werden kann. Im Menschen und durch den Menschen können die göttlichen Kräfte zukünftig immer besser geoffenbart werden. Gott wird dabei aber immer den freien Willen des Menschen achten, auch wenn die Schöpfung dadurch im Laufe der Zeiten immer stärker und immer mehr aus ihrem ursprünglichen, göttlichen Zusammenhang und Willen herausgefallen ist und noch immer herausfällt. Christus nahm die Menschen und die Schöpfung trotz alledem so an, wie sie eben durch den allmählichen und fortschreitenden „Sündenfall" geworden war.

Durch die Einwohnung Christi im Menschen- und im Erdenreich ist die Schöpfung zum Leib Gottes auserkoren geworden. Das Geheimnis der Menschwerdung Gottes ist somit der stärkste Trost, den wir Menschen empfangen können. Der Tröster, der Paraklet, ist ja der Heilige Geist. Er geht von Christus und vom Vater aus. Durch ihn kann der Mensch selbst vergöttlicht werden, vor allem, wenn er diesen Geist nicht nur in sich, sondern in der Gemeinschaft, im Mitmenschen, in echter Geschwisterlichkeit sucht und erkennt. Der Heilige Geist spendet im Pfingstgeheimnis Gottes Segen, Kraft und Herrlichkeit allen Seelen, die sich dafür öffnen können. Eine neue Gemeinschaft, die auf individueller Freiheit und gegenseitiger Liebe gründet, wird daraus einmal erstehen.

Der Himmel ist sozusagen auch „Erde" geworden, damit die Erde dereinst Himmel werden kann. Eine neue Erde wird erstehen, die

29

aus Himmelskräften gebildet ist. Somit sind wir alle Glieder an einem großen Leib, der den gesamten Kosmos mit den unendlichen Sternenmeeren und Galaxien umspannt und aus dessen „Herz", aus dessen innerstem Zentrum die Liebe Gottes zu allen „Zellen" und „Organen" hinstreben und diese dadurch mit göttlichem Leben speisen will.

Viele Welten und Galaxien gibt es, von denen wir noch gar nichts oder nicht viel wissen, nicht nur als materielle Schöpfungen, sondern auch als seelisch-geistige, so wie diese zum Beispiel in den vedischen Schriften oder bei manchen Hellsehern geschildert sind.

So bleibt uns letztlich nur ein Staunen, eine Bescheidenheit, eine Demut und schließlich eine dankbare Haltung für alles, was uns aus dieser Quelle, was uns von Gott in gnadenvoller Weise geschenkt wird: Leben, Liebe, Licht, Güte, Weisheit, Schönheit, Gnade, Macht, Stärke, Zuversicht, Hoffnung und noch vieles mehr.

Gott ist groß, Gepriesen sei der Herr, Großer Gott wir loben Dich – denn Du bist nicht fern in einem entrückten Himmel. Du bist immer da, auch in mir, in jedem von uns – als Funke, als Feuer, als Licht, als Keim, als Same, der das große Ganze, der alle Welten als eine schöpferische Potenz, als ein inneres Feuer in sich enthält. Diesem inneren Feuer dürfen wir uns zuwenden, im Gebet, in der Meditation und in der Hingabe, bis dieses Feuer uns allmählich mehr und mehr durchglühen und umschmelzen kann, zuerst den Geist, dann die Seele und irgendwann auch den Körper und von da an in alle Reiche des natürlichen Seins. So kommen Gott und Schöpfung im Menschen und durch den Menschen zusammen. Das ist schließlich die wahre Religion, der wir uns zuwenden dürfen.

# Wo ist Gott?

Wenn es uns Menschen schlecht geht oder wenn Kriege und Katastrophen die Menschheit heimsuchen, wird des öfteren der Ruf und die Klage an Gott sehr laut: warum Gott dies alles zulassen kann, wenn er doch ein Gott der Liebe sein soll. Nur wird dabei nicht bedacht, dass Gott uns den freien Willen geschenkt hat und er sich deshalb normalerweise nicht in unsere Angelegenheiten einmischen will. Die Übel, die uns im Leben begegnen, sind hausgemacht, das heißt, wir selbst haben sie durch unsere früheren Taten und Einstellungen heraufbeschworen und so müssen wir die Verantwortung und die Konsequenzen dafür auch selber tragen lernen. Dies entspricht dem Gesetz des Karma beziehungsweise dem: Was du säst, das wirst du ernten.

Die Welt Gottes waltet über allem irdischen Sein; die göttlichen Wesen und Mächte haben den Menschen in die Freiheit des irdischen Lebens entlassen, damit er selbstständig und mündig seine Geschicke nach eigenem Ermessen gestalten lernt. Nur wenn wir Menschen es wollen beziehungsweise wenn wir bereit werden, die göttlichen Impulse und Gesetze im menschlichen Leben anzuwenden, kann Gott im Menschenreich helfend und heilend einwirken. Das heißt mit anderen Worten, wir müssen uns schon auf den Weg zum „Vater" aufmachen, so wie dies im Gleichnis vom verlorenen Sohn beschrieben ist, damit er uns helfen und uns mit seinen Gaben beschenken kann. Gehen wir im inneren und dann auch im äußeren Leben in die Richtung zum Ursprung, zum göttlichen Vater hin, so wird er uns auch entgegenkommen.

Gott hat seinen Ursprung in überkosmischen Reichen, da wo es keinen Raum und keine Zeit mehr gibt. Wenn wir demzufolge Gott um Hilfe bitten wollen, müssen wir unsere Seele so rein und licht werden lassen, dass sie eine Verbindung zu diesen Gottesreichen aufnehmen kann. Und das ist ein sehr weiter und oftmals auch ein strenger und steiniger Weg, denn zu vieles hindert die menschliche Seele, diese innere Reinheit beziehungsweise dieses göttliche Niveau in sich zu erreichen.

Über dem Tierkreis und dem weiten Fixsternhimmel, also über beziehungsweise hinter der Schöpfung, hinter dem weiten All, auch noch über dem geistigen Kosmos, der dem sichtbaren Kosmos die geistigen Substanzen liefert, beginnt der Kristallhimmel, die Sphäre der Urbilder allen Seins, worin der Logos, das schöpferische Wort entspringt. „Im Urbeginne war das Wort ..." Daraus ist das geistige, das seelische und das physische All entsprungen. Der Logos hat die Welt erschaffen. Eine stufenweise Verdichtung aus dem überkosmischen Sein bis zu den lichten Sternensphären und dann immer tiefer bis zur finsteren Materie hinein, hat allmählich, also über viele Äonen und Zeitenkreise stattgefunden. Das sichtbare All entspringt ursprünglich dem geistigen Licht, das sich verdichtet hat und das durch diese Verdichtung und Schwingungsverminderung die Zeit und den Raum erst erschaffen hat.

Im Prolog des Johannes-Evangeliums wird dieser Schöpfungsakt beschrieben, wie auch in den verschiedensten Schöpfungsmythen indigener Völker oder in älteren Hochkulturen. Eine Meditation dieser Texte eröffnet daher ungeahnte Tiefen für ein spirituelles Leben.

Hinter der Welt des Logos ist der, der das Wort ausspricht, ist der, der das Wort und das Licht erschafft. Christus, der Logos, ist der Erstgeborene, das erste von Gott geschaffene beziehungsweise gezeugte Wesen, quasi die erste „Form" Gottes. Aus dem unmanifesten Feuerhimmel, aus Gott selbst heraus ist Christus geboren. Christus ist somit Gott, der eine Gestalt angenommen hat und der sich als göttliche Person, als göttliches Wesen in seinen Himmeln, sowie durch die Einwohnung, nämlich durch eine enorme und stufenweise Verdichtung, im Menschen Jesus von Nazareth und damit in seiner Schöpfung und im Menschenreich geoffenbart hat. Aus Gott sind wir geboren, aus dem Logos-Christuswesen heraus. Christus ist somit das göttliche Urbild für uns Menschen.

Die göttlichen Seinsbereiche sind für uns Menschen inzwischen aber so hoch und erhaben, dass wir sie durch unser Denken und Erkennen nicht mehr wirklich erreichen können. Deshalb musste Christus in einem Menschenleib auf der Erde erscheinen, damit wir durch ihn einen erneuten Zugang zu den Reichen der Himmel finden können. Jedoch, auch da und das gilt bis in unsere Tage, wurde und wird er von den meisten Menschen nicht erkannt.

Wie finden wir folglich wieder in das Gottesreich, aus dem unser aller Urgrund, unser aller Geistwesen entstammt?

Ganz bestimmt nicht durch Zwang, Eigen-Wille, Askese oder Rausch! Viel eher brauchen wir die Fähigkeiten der Demut, der Hingabe, der Andacht, des Glaubens, der Hoffnung und der Liebe. Dadurch öffnen sich die Herzenstüren in die Reiche der Himmel hinein. Dies ist schließlich ein Gnadenakt, den aber nicht wir Menschen erzwingen und gestalten können, sondern der vom Göttlichen selbst als eine Offenbarung seiner Kraft, seiner Weisheit und seiner Liebe ausgehen muss.

Der erkennende Mensch, der Meditierende und sich Schulende, der einen Einweihungsweg beschreiten und die geistige Welt sehen und erforschen will, kann durch spirituelle Übungen in nichtsinnliche, in kosmisch-geistige Welten bewusstseinsmäßig eintreten, wenn er in sich bestimmte Seelen- und Geistesaugen ausgebildet hat. Die Welten der Hierarchien im geistigen Kosmos, die Elementarwesen in der Natur und die Widersachermächte in den untersinnlichen, unternatürlichen Welten werden dem Geistesschüler auf diesem Wege gewahr, so wie dies zum Beispiel auf dem rosenkreuzerischen Schulungsweg angestrebt wird. Doch Erkenntnis, auch Geisterkenntnis ist immer Stückwerk. Daher gibt es auch verschiedene geistige Schulen und Schulungswege, die manchmal auch zu unterschiedlichen Aussagen gelangen. Kein Erkennender überschaut alle Reiche des Seins.

Der Initiationsweg der Rosenkreuzer, wie auch der Alchymisten, arbeitet mit und an der Materie und versucht diese immer mehr ins reine Licht zu transformieren und damit auch sich selbst, die eigene Seele und den Leib. Dabei wird die gesamte physische Welt, zum Beispiel in der Medizin, in der Landwirtschaft, in der Pädagogik und in der Kunst mit einbezogen. Dieser Schulungsweg wird als der chymische Weg bezeichnet, wie er zum Beispiel in der chymischen Hochzeit des Christian Rosenkreuz beschrieben ist.

Der mystische Weg, der Gott nicht mehr in der Außenwelt sucht, sondern im eigenen Herzen, muss, bis er im innersten Zentrum ankommen kann, zuvor die eigenen Seelentiefen durchschreiten. Da kommt oftmals auch sehr viel Hässliches zum Vorschein. Wie bei einer Zwiebel, müssen dabei die Schalen und Hindernisse, die das innere Licht verdecken, abgearbeitet und überwunden werden. Eine Läuterung und Reinigung muss zunächst im Seelenleben erfolgen, bevor eine Erleuchtung mit dem Lichtstrahl Gottes alles weitere Leben des Mystikers lenken kann. Beim mystischen Weg wurde und wird oftmals das irdische Leben mit den vielfältigsten Verlockungen gänzlich gemieden. In den klösterlichen Rückzugsorten war dieser mystische Weg im Mittelalter hauptsächlich angesagt, heute ist er nicht mehr so leicht durchzuführen.

Gott ist in seiner Schöpfung als wirkende Kraft des Lebens, der Liebe und des Lichtes in den geistigen Hierarchien und in den elementarischen Wesenheiten tätig. Er ist aber auch übersinnlich als Gottesfunke, als inneres Licht im Menschen selbst einwohnend. So darf er folglich auch im Innen und im Außen gesucht und gefunden werden, vor allem, wenn wir den mystischen und den chymischen Weg in uns verbinden. Gott erscheint in dieser Verbindung als Liebe und als Licht der Weisheit, die sich in die Welt, in alle Formen des irdischen Seins und in den Menschen, in sein innerstes Ich-Wesen hineingegossen haben.

Das Lichtvolle kann durch ein Erkenntnisringen gefunden werden, die Liebe in einem offenen Herzen. Damit kommt die Wissenschaft und die Religion beziehungsweise die Erkenntnis und die Liebe zusammen: die Liebe zur Erkenntnis und das Erkennen der Liebe, wie auch ein Erkennen durch Liebe, die sogenannte Herzenserkenntnis. Sie ist die innere Weisheit, die die menschliche Seele in einem liebevollen und intuitiven Vertrauen immer stärker und besser führen und sie so mit dem Göttlichen wiederverbinden kann. In dieser Weisheit, in der göttlichen Sophia, kommen schließlich Wissenschaft und Religion, kommen Erkenntnis und Glaube zusammen. Diese sind dann nicht mehr länger als Gegensätze anzuschauen, sondern viel eher als Ergänzungen. Sicherlich ist das mystische und religiöse Zeitalter der Fische am Abklingen und die Wassermannzeit der Wissenschaft, der Erkenntnis, des Humanismus und der sogenannten Aufklärung im Zunehmen. Eine Erkenntnis ohne Liebe nützt aber nicht viel. Die Liebe erst heilt die Seele, denn sie schenkt Vertrauen, Annahme, Wärme und Heil. Somit kann sich die Mystik und die gnostische Erkenntnis durchaus ergänzen, vor allem, wenn die Weisheit ausgleichen und verbinden kann.

Doch wo ist in diesem Zusammenhang Gottes Leben zu finden? Die Natur, der Bios, das natürliche Leben folgt den Gesetzen des Wachsens und des Welkens, des Entstehens und des Vergehens. Gottes Leben ist aber unvergänglich, es ist ewig. Zoe ist das griechische Wort für das ursprüngliche, für das jungfräuliche, für das „ewige" Leben. Aus diesem ist der Mensch herausgefallen. Dieses göttliche Leben wieder zu erlangen, kann aber nicht auf natürlichem Wege geschehen. Ein magischer Akt ist hier vonnöten.

Im Jahreslauf ist es die Passionszeit beziehungsweise das Passionsgeschehen, das sich entgegen dem frühlingshaften Aufblühen selbst opfert, das hineinstirbt in das Reich der Auferstehung. Christi Opfertat ist göttliche Magie, ist eine Transsubstantiation des menschlichen Leibes und damit auch des Physischen der Erde. Durch das Annehmen der Todeskräfte, durch das sich Ausliefern bis in die Tiefen der Erde hinein, konnten auch in diese Bereiche die ursprünglichen Gotteskräfte durch Christus wandelnd und heilend einwirken. Christus verband somit das Menschsein und die gefallenen Erdenkräfte erneut mit Gott, mit dem Vater, mit dem Urquell allen Lebens und Seins.

Durch seine Hingabe, Demut, Selbstlosigkeit und Opferbereitschaft bis in den leiblichen Tod hinein, bringt Christus den Willen und das Leben des Vaters in die irdische Welt und zwar in alle Bereiche bis ins Jenseits und in das Höllische hinein. Im tiefsten Grund der inneren Erde erwacht der Vater-Wille neu. Das göttliche Leben des Vaters wandelt alle Todeskräfte um, denn auch diese gehören zu ihm. Letztendlich erstrahlt des Vaters Liebe und Güte im Auferstandenen, in und mit einem neuen Leib, gewoben aus göttlichem Licht, aus göttlicher Liebe und göttlicher Kraft.

Dreifach ist das Wirken Gottes. Im Vater ist das Leben, die Stärke, die göttliche Kraft und die Allmacht, die mit unendlicher Güte alles Sein durchdringt und erhält. Im Sohn ist die göttliche Liebe; sie ist das ganze All umfassend und zeigt sich im Menschen durch Empathie und Mitgefühl, durch ein Verzeihen und Vergeben können, die ja bis zu einer Feindesliebe, alle Reiche des Daseins wandeln und transformieren kann. Und schließlich zeigt sich im menschlichen Erkennen, wenn dieses sich mit der Weisheit des Herzens verbindet, der Heilige Geist, das göttliche Licht. Somit dürfen auch die Geisteswege der Mystik, der Gnosis und der göttlichen Magie im Menschenleben zusammenkommen, da sie erst zusammen das Göttliche finden, erleben und verstehen können.

Jedoch, jeder Gott-Sucher hat ja seine Vorlieben und seine Unterschiede, so der Kopfmensch, der Herzmensch und der Willensmensch. Sie werden sich dadurch unterschiedlich stark von bestimmten spirituellen Wegen angezogen fühlen. Kein Weg muss deshalb aber über dem anderen stehen. Alles hat seine Zeit, je nach Seelenbeschaffenheit werden sich auf diesen Wegen allmählich neue Bewusstseinssphären ausbilden und eröffnen: nämlich die sogenannte Intuition, die Inspiration oder die Imagination.

Alles geistige Dasein und auch alle spirituellen Wege sind zunächst einmal dreifach gegliedert. Wer den irdischen Dualismus überwinden will, muss daher ein drittes Prinzip erringen, mit dem man immer höhere Ebenen finden und erschließen kann. Zuletzt steht jedoch bei allen spirituellen Wegen als das höchste Ziel die Gotteinigung. Ob dies nun auf dem mystischen Weg (Reinigung, Erleuchtung, Gott-Einigung) oder auf dem rosenkreuzerischen Weg des Studiums, der Imagination, Inspiration und Intuition bis zum Eingehen in die Sphären des kosmischen Alls geschieht, die letzte Stufe ist auch hier die Vater-Einweihung, das Eingehen in das Leben Gottes, aus dem wir schließlich alle urständen.

Dieses Leben will in uns erstehen und es will aus uns herausleuchten, sich vereinen mit der Welt, auf dass schließlich auch diese wieder mit dem Himmel, mit der Welt Gottes verbunden werden und darin eingehen kann. Dies ist schließlich unser aller Ziel.

Schon Max Planck sagte: „Die Wissenschaft dient dem Erkennen, die Religion dem guten Handeln". So sollte es zumindest sein.

Die Gnosis will das Göttliche erkennen, die Magie sollte aus dem Göttlichen heraus handeln und die Mystik sucht den Weg zu Gott im eigenen Herzen, bis der Mensch dereinst Gott von Angesicht zu Angesicht erfahren, erleben und dann auch erkennen kann. Im Menschen und durch den Menschen erkennt Gott sich selbst, denn alles was im Menschen ist, ist auch in Gott, wenn auch im Menschen des Öfteren in einer verzerrten und einseitigen Weise.

Nicht nur die Außenwelt, der Kosmos, kann somit erforscht und erkannt werden, denn auch die Innenwelten und darin die Welten Gottes sind in uns erfahrbar. Dies aber nicht allein auf dem Weg des Forschens und Erkennens, sondern vor allem auch durch den Glauben, durch das Hoffen und die Liebe. Die Liebe im Menschen kommt von Gott. Lieben wir Gott in unserem Herzen, so sind wir in und mit seiner Liebe vereint, so sind wir mit Gott vereint. Das ist die wahrhaft mystische Kraft in uns.

In der Liebe zur Welt wirkt Gott durch uns. Das ist die heilige Magie. Unser Handeln wird darin gut. Ich in Gott, Gott in mir – Innen und Außen – Gott und Schöpfung werden eins.

Und dies immer wieder neu, denn manchmal sind wir von Gott sehr weit entfernt, andermal wieder recht nah. Aber man kann gar nicht so tief fallen, dass Gott nicht mehr da wäre, denn wir können nicht tiefer fallen, als in die „Hände" Gottes. Gott selbst ist immer da, im Zentrum wie im Umkreis, in unserem Herzen und im All. Nur empfänglich müssen wir werden für seinen Geist, für seine Liebe und sein Leben. Diese Kräfte dürfen wir in uns einlassen, sie annehmen und geschehen lassen. Dadurch werden unsere niederen Egoismen und Begehrungen allmählich als minderwertig und als sinnlos erkannt. Der schmale und steinige Weg, der sich noch an den eigenen Unzulänglichkeiten abmühen muss, er wird mit der Zeit heller, weiter, klarer und reiner. Doch das soll nicht heißen, dass wir uns von den irdischen Verantwortlichkeiten befreit fühlen dürfen, denn wir spüren dadurch die Leiden und die Notwendigkeiten um so stärker, die uns die Mitmenschen, die Natur, ja die ganze Erde „zurufen". Jedoch, wir handeln dann aus Liebe und nicht mehr nur aus Pflicht oder schlechtem Gewissen. Das ist doch entscheidend.

# Glaube

Viele Menschen haben den Glauben an etwas Höheres, an eine göttliche Welt verloren. Sie nehmen nur noch das wahr, was ihnen durch die Sinne vorgegeben ist. Ein religiöser Glaube wird oftmals sogar als altmodisch angesehen, denn heute ist man wissend, aufgeklärt und so gescheit, dass man meint, die Welt mit menschlichen Vorstellungen und naturwissenschaftlichen Begriffen genügend gut erklären zu können. Man setzt sich damit ein Stück weit aber selbst auf einen Thron, man macht sich selbst zum „Gott" oder man erklärt den Menschen nur noch als eine intelligente Maschine beziehungsweise als ein intelligentes Tier, manchmal auch als eine Bestie oder als einen missratenen Evolutionsstrang, der eh keine Zukunft hat und dergleichen mehr.

Doch für einen wachen und denkenden Menschen sollte die Beobachtung und die Reflexion des eigenen Geistes zu anderen Resultaten führen können. Sehe ich mich als ein geistiges Ich-Wesen an, das sich selbst bestimmen kann, so muss ich diesen Geist auch in anderen Menschen akzeptieren und sodann auch einen Geist, ein gestaltendes Prinzip, einen „Architekten" in der Welt der Schöpfung annehmen. Denn unseren Geist haben wir ja nicht selbst erschaffen und er kann auch nicht aus den Naturreichen entstanden sein, denn aus den niederen Reichen können keine höheren Prinzipien entstehen, wenn sich nicht etwas aus höheren Ebenen und Sphären in das Niedere einleben und einsenken kann.

Aus Totem kann nichts Lebendiges entstehen, aus Lebendigem nichts Seelisches und aus Seelischem nichts Geistiges, weil deren Eigenschaften und Qualitäten vollkommen verschiedenen Seinsbereichen entsprechen und entstammen. Nur zusammen und ineinander wirken diese Bereiche in der Welt. Aus einem Lebendigen, das stirbt, kann Totes hervorgehen. Aus Seelischem, das sich verliert, bleibt nur ein dumpfes Vegetieren. Und wenn der Mensch den Geist verliert, bleiben tierhaft animalische Emotionen übrig. Also geht die Entwicklung vom Geist zur Seele, von der Seele zum Leben und von da bis zur toten Materie und nicht umgekehrt.

So darf folglich auch die Frage nach einem Geistgott, nach einem übergeordneten Geistigen gestellt werden, aus dem dann auch der menschliche Geist entspringt beziehungsweise in dem alle Geistigkeit zusammengefasst ist.

Wenn wir demzufolge den Primat des Geistes über die niederen Reiche anerkennen, so müssen wir uns konsequenterweise auch die Frage stellen, wo kommt dieser Geist eigentlich her? Ist er selbst-erschaffen oder gibt es einen Geist im Kosmos, der sich als eine kosmische und überkosmische Weisheit offenbart?

Betrachten wir die menschliche Geistesgeschichte, so wurden zum Beispiel in den sogenannten hermetischen Prinzipien die Gesetze beschrieben, wie das Geistige bis ins Physische hineinwirkt. Zu der Evolution kommt eben noch eine Involution, eine Einwohnung des Lebendigen und des Seelisch-Geistigen hinzu. Beim Mineral, bei der Pflanze und beim Tier ist der Geist noch nicht einwohnend, er bleibt da außerhalb des „Leibes", beim Tier in der Gruppenseele, bei der Pflanze in den sogenannten Pflanzendevas, die in astralen und in geistigen Welten verbleiben oder gar in noch höheren Reichen wie beim Mineral, vor allem bei Edelsteinen. Nur beim Menschen ist der Geist einwohnend, eingezogen, was dann zu einem Selbstbewusstsein, quasi zu einer eigenen Gattung und zu einem individuellen Geistwesen hingeführt hat.

Wer diesen Geist in sich ablehnt, ist nicht besonders weise, ja, man muss sogar von einer gewissen Dumpfheit sprechen, wenn man seinen eigenen Geist nicht als etwas Übergeordnetes begreifen kann, der über seinem Seelischen und Leiblichen stehen und diese gestalten und ordnen kann.

Der Glaube an einen Geistgott im weiten, im kosmischen All, also an einen geistigen Kosmos, wobei der sichtbare Kosmos nur ein Äquivalent für diesen darstellt, ist daher nicht nur eine Hypothese. Denn im All waltet Weisheit, ist somit wirkender Geist. In der christlichen Geistesgeschichte wird diese Weisheit mit dem Namen der himmlischen Sophia beschrieben. Da ist die Weisheit sozusagen personifiziert, geht also von einem Wesen aus.

Der Heilige Geist urständet und lebt über dem sichtbaren All, er erleuchtet und befruchtet aus dieser Geistsphäre alle Welten bis in das Menschenreich hinein, wo er sich im und durch den Leib spiegeln und in der Seele selbst erfahren kann.

Aus dem Gehirn selbst kann dieser Geist jedoch niemals hervorgehen. Der kosmische Geist bildet erst die Materie aus, er verdichtet sich quasi bis zur Materie hinein, dabei die niederen Reiche durchdringend, bis er seine Tätigkeiten im menschlichen Gehirn selber spiegeln kann. Der Mensch kann folglich durch ein sich selbst beobachtendes Denken diesen Geist in sich gewahr werden lassen. Dies geschieht aber nicht allein durch ein Gehirndenken, sondern vor allem durch ein Schauen mit dem Herzen, worin die Herzensweisheit sich offenbaren kann. Man nennt dies gemeinhin eine Intuition, das heißt, es gibt in uns eine Weisheit, die uns führen und helfen kann, wenn wir uns ihr zuwenden, ihr vertrauen und an sie glauben. „Ich und der Geist sind eins".

Den Glauben an einen Vatergott beziehungsweise an einen Schöpfergott müsste eigentlich jeder Mensch haben, der die schaffenden Kräfte in seinem Körper spürt und darin einen Weltenwillen erleben kann. Dies kann durch den Säftekreislauf geschehen, durch den Atem- und Blutrhythmus, die ja nicht menschengemacht sind und normalerweise auch nicht vom Menschen bewirkt werden können. Heute spricht man gerne von einer evolutionären Kraft, die dies alles hervorgebracht hat. Doch wer und wo ist diese Kraft? Wo und wie können wir sie selbst erleben?

Heutzutage ist der Mensch bewusstseinsmäßig meistens noch an sein Gehirn gebunden. Das Gehirn ist ein Spiegel für die Außenwelt und teilweise auch für die Innenwelten der Gefühle und Emotionen. Unsere Willenshandlungen, wie also der Wille in den Körper eingreift, diese können schon nicht mehr vom Gehirn beziehungsweise vom Bewusstsein nachvollzogen werden. Die Willenstätigkeit selbst ist unbewusst. Nur die Sinneswahrnehmungen und die Gedanken werden durch das Gehirn offenbar.

Ist der Mensch gehirnfixiert, so erlebt er die tieferen Kräfte des Organischen und des Vegetativen in sich und um sich nicht mehr. Dies kann man ja auch als eine Art Krankheit ansehen, denn durch eine einseitige Gehirnbetrachtung fehlt eben eine ganzheitliche Anschauung und Erfassung der Welt. Einseitigkeiten machen eben auf Dauer gesehen krank. Frühere Menschheitskulturen hatten auch noch ein stärkeres Leibbewusstsein, zum Beispiel im alten Indien in einer Kultur des Atmens, worin noch Seelisch-Geistiges, wo also im Atem noch geistige Wesen erlebt werden konnten. Über die schaffenden Kräfte im Leib konnte noch ein Kontakt aufgenommen werden zu den wirkenden Kräften der Welt. Dies geschah zwar nicht mit einem wachen Gegenstandsbewusstsein, das eben an das Gehirn gebunden ist, sondern mehr traumhaft, doch man fühlte sich darin noch stärker mit dem Weltganzen verbunden. Diese Fähigkeit ist uns heute zumeist abhanden gekommen.

Wollen wir wieder zu einem Glauben an die schaffenden Schöpfermächte herankommen, müssen wir unser abstraktes und trennendes Gehirndenken erweitern, hin zu einer tiefen Wahrnehmung unseres inneren Seins, das sich bis in unsere Leiblichkeit hinein erstreckt, aber auch in der Welt, in den Naturreichen als die wirkenden, belebenden und erhaltenden Kräfte zu erkennen sind.

Den Glauben an Christus, an den Erlöser nicht finden zu können, ist eigentlich ein Unglück für den Menschen, denn der Mensch muss sich ohne diese Erlöserkraft ein Weltbild erdenken, das ihm einen Sinn und eine Zufriedenheit bescheren soll, was letztendlich aber immer irgendwelche Zweifel und Diskrepanzen erzeugen wird. Denn die menschliche Seele kann nur ganz und damit gesund werden, wenn sie sich einem Höheren, dem Geist in sich und in der Welt zuwenden kann. Natürlich kann man sich davon auf vielerlei Arten ablenken, die Sinnfrage und die Sinnsuche verdrängen und sich mit sehr vielen Gegenpositionen vom wahren Sein entfernen. Doch das hilft nicht wirklich weiter.

Selbst wenn sich der Mensch ganz bewusst und willentlich gegen den Geist Gottes stellt, in der Bibel wird dies ausgedrückt in der Sünde wider den Geist, die nicht verziehen werden kann, so wird er die Konsequenzen erdulden müssen, da wir für unser Tun und auch Nichttun immer selbst verantwortlich sind. Durch diese „Sünde", durch diese Sonderung entfernt sich der Mensch immer mehr von Gott und damit auch von einer fortschreitenden menschlichen Entwicklung. Dies hat Konsequenzen in späteren Erdenleben und ist erst wieder gutzumachen, wenn er den göttlichen

Geist, den Gottesfunken in sich entdeckt und belebt. Doch dieser Gottesfunke kann im Menschen so stark verschüttet sein, dass er nur unter erheblichen Schmerzen wieder ins Bewusstsein gerückt werden kann.

Jedoch, die geistige Welt streckt jedem die Hand entgegen, der sich ihr zuwendet. Das ist christliche Vergebung; nicht als Richter und Strafender kommt Gott. Christus ist Gottes Gnadenakt für uns Menschen. Findet der Mensch in sich die Christuskraft, die Gnade der Vergebung und der Liebe, so ist dies ein lebensentscheidendes Schicksalsereignis, das die Seele von Innen her stärkt und ihr eine neue Richtung schenkt. Von nun an weiß man, wohin der weitere Schicksalsweg gehen soll. Christus führt, mit seiner Liebe-Kraft können wir selber verzeihen und vergeben lernen. Mit Christus durch das Leben zu gehen, heißt, innerlich zu Wachsen im seelisch-geistigen Erleben, im Glauben, in der Hoffnung und in der Liebe.

Wie äußert sich nun der von Gott geschenkte Glaube im Menschen? Was heißt es überhaupt, in diesem Sinne zu glauben?

Glauben in diesem Kontext ist ein Offenbar- und Gewahrwerden des tiefsten Wesensgrundes im Menschen, ist eine Wesenseinigung von Mensch und Gott. Glauben ist somit ein verinnerlichtes Loben, Leben und Lieben. Das Wort Glauben kommt von Geloben. Ein verinnerlichtes, dem Göttlichen geweihtes Leben, Loben und Lieben schafft alles, auch das Heil.

Ein Leben aus einem solchem Glauben und einer tiefen Herzensliebe heraus, schafft dann auch den Anschluss an unser tiefstes Wesen, das nicht von dieser Welt ist, nicht aus Raum und Zeit, nicht aus biographischer Vergangenheit und Zukunft, nicht aus seelischen Höhen und Tiefen, auch nicht aus Lust und Leid.

Das ewige Sonnenwesen, die Geistessonne des ewigen Menschen, das göttliche Selbst, das über allen unseren irdischen Inkarnationen leitend und ordnend diese überstrahlt, urständet letztendlich im überkosmischen Raum Gottes. Um dahin gelangen zu können, muss der Mensch das Leiden und das Sterben, das uns allen immer wieder begegnet, bewusst auf sich nehmen, damit er auch sein Leibliches, sowie sein ganzes physisches Dasein mit dieser

Geistessonne, mit seinem Ewigkeitswesen verklären kann. Nicht aber um eine Entrückung der Seele in die himmlischen Welten hinein geht es hierbei, sondern um eine Wandlung und Verklärung der menschlichen Seele, des irdischen Lebens und des Leibes. Daraus bildet sich der neue Mensch: der ewige „Teil" verklärt allmählich den vergänglichen und erschafft sodann den neuen, den lichtvollen, den auferstehenden Menschen mit seinen verwandelten Hüllen. Die Seele wandelt und erneuert sich durch die Verbindung des Menschen-Ich mit dem ewigen Selbst, wie auch mit dem heiligen Geist zum sogenannten Geistselbst, zum höheren Ich. Der Äther- oder Lebensleib wird in der Einheit mit dem göttlichen Selbst zum sogenannten Lebensgeist und damit zum ewigen Leben für den Menschen umgewandelt. Und der physische Leib wird im Laufe einer fortschreitenden Menschheitsentwicklung allmählich verklärt werden zum sogenannten Geistesmenschen. Dann erst ist Gott und Mensch in einer vollkommenen Einheit miteinander verbunden. Der Mensch in Gott und Gott im Menschen ist darin eine Wirklichkeit geworden.

Ecce home – siehe der Mensch. In Christus ist er schon da. Dadurch kann dieser vollkommene, dieser vergöttlichte Mensch auch von jedem angestrebt und erworben werden, auch wenn dies noch viele weitere Inkarnationen des Menschenwesens auf der Erde bedarf.

Der irdische Mensch lebt von der Erde, er gebraucht, verbraucht und vernichtet sie, um selbst weiterzukommen. Der himmlische Mensch lebt vor allem auch vom Leiden, er bejaht das Leiden. Im Leiden offenbart sich letztlich erst die volle Würde des Menschen. Darin überwindet er alle dunklen Mächte, aber nicht, wenn er sich passiv gegenüber dem Leiden verhält oder es fliehen will, sondern wenn der Mensch, gemeinsam mit dem himmlischen Geist, das Leiden und den Tod verklärt, in dem er also im Leiden einen Weg erkennt, der ihn vom allzu Irdischen und dann auch vom Dämonischen erlösen will, hin zu einem freien Leben in Gott. Wir dürfen und können das Leiden und selbst den Tod willentlich bejahen und dadurch an diesen „Hindernissen" stärker werden, zum Beispiel, in dem wir dem Leid, den Krankheiten und den sonstigen

„Übeln" Erkenntnisse, Geduld und Ausdauer, Demut und Weisheit abringen. Das sind nämlich die Schätze des geistigen Lebens, die den himmlischen Menschen in uns bilden und stärken. Aber nicht nur das persönliche Leiden, das Tragen des persönlichen Karmas ist hier gemeint, denn je weiter beziehungsweise je höher und stärker sich der Mensch mit dem Himmel verbindet, um so mehr wird das: „Einer trage des anderen Last" zu einer vollen Wirklichkeit. Der Mensch wird dann immer mehr zu einem Träger des Menschheits- und des Erdenschicksals.

„Euer Glaube wird Berge versetzen". Das heißt, dass der Glaube, dass die Kraft des Glaubens sogar das Schicksal der Erde mittragen und damit wandeln kann. Die Kraft des Glaubens, des Lobens und des Lebens in der Liebe ist auch in uns, wenn wir echt und wahrhaft glauben, nicht nur als ein Lippenbekenntnis. Der Glaube als eine lebendige Gotteskraft in der Seele, er kann helfen und heilen, stärken und schützen, tragen und wandeln, hin zu einer Kommunion, hin zu einer Vereinigung mit dem tiefsten Grund der Welt, mit Gott.

So mögen und können wir Gottes Willen annehmen, seine Gnade und Weisheit, denn Gott weiß, was für uns das Gute ist. Glauben heißt schließlich auch Vertrauen, Lieben, Danken und durch Demut die Gnade Gottes erfahren zu dürfen. In diesem Sinne führt der Glaube himmelwärts. Er nimmt dabei das Irdische, das Menschsein an und verbindet dieses mit dem Himmel, aus dem der Glaube letztendlich auch entspringt.

Der Glaube an sich selbst als ein Mensch, der von höheren Mächten getragen wird und der Glaube an dieses Höhere, an Gott, gehört schließlich zusammen. In dieser Einheit vermögen wir vieles, was uns im persönlichen Sein unerreichbar scheint. Denn der Glaube versetzt tatsächlich Berge, er räumt Hindernisse und Lasten weg, damit wir eine freie Sicht bekommen und so manche schwierige Angelegenheiten in einem neuen Blickwinkel betrachten und angehen können, an denen wir zuvor gescheitert sind.

Letztlich ist der Glaube eine tiefe Seelenkraft, die uns von Gott geschenkt wird, damit wir unser Leben im Einklang mit den göttlichen Werten und Gesetzen sinnvoll und gut gestalten können.

# Zum Priester werden

Zum Priester werden, das ist nicht nur eine Aufgabe für Menschen, die den Priesterberuf ergreifen wollen, denn ein priesterliches Wirken kann und soll viele Bereiche des irdischen Seins durchdringen und verklären helfen.

Nun gibt es vier Ur-Berufe, die einem priesterlichen Wirken im besonderen Maße unterstehen. Erstens natürlich der Priester oder Pfarrer, sowie alle Menschen, die sich einem sakralen Dienst in einer Kirche oder Gemeinde verpflichtet fühlen, also auch die Helfer und Helferinnen in den Tätigkeiten als Messner, Diakone und so weiter. Und natürlich gehören da auch die Frauen dazu. Zweitens der Arzt, sowie alle in den Heilberufen Tätigen, drittens der Landwirt, der Gärtner und der Pfleger in der Natur, also die Erd-Erhalter und viertens die Lehrer und Erzieher, die sich mit den Heranwachsenden so verbinden sollen, damit diese in ihrem inneren Wesen und in ihrer persönlichen Entwicklung bestmöglich gefördert werden können. Dahinein gehören natürlich auch die Aufgaben als Eltern, denn in all diesen Ur-Berufen tragen wir eine hohe Verantwortung für das Lebendige und das Zukünftige in der Welt.

Gewiss können wir auch jeden Beruf und jede Aufgabe nur als einen Job auffassen, zum Beispiel um des „lieben" Geldes willen, aber das ist hier nicht gemeint. Der Lehrer-Beruf kann als Beispiel durch das staatlich verordnete Beamtenwesen sehr leicht in solche Bahnen abdriften, wo manche Lehrer nur noch die Jahre bis zu ihrer Pensionierung abwarten und der Unterricht oftmals nur nach einem vorgefertigtem Schema verläuft. Eine solche Haltung kann aber nicht wirklich erfüllen. Darunter leiden Schüler wie Lehrer und oftmals zeigt ein „Burn out" den falschen und ungesunden Umgang mit diesem Beruf, der schließlich eine Berufung werden soll.

Sieht sich der Lehrer in der Verantwortung für seine Schüler, wird er auch angespornt sein, sich innerlich so entwickeln zu wollen, dass er diesen gerecht wird. Die heutigen Schüler bringen zum

Beispiel Fähigkeiten mit, die wir gesamtgesellschaftlich gesehen zukünftig und auch heute schon sehr dringend benötigen. Leider werden solche Fähigkeiten, wie zum Beispiel die Empfindung für Fairness und soziale Gerechtigkeit, wie auch für eine gesunde Umwelt und für humane Werte, die bei heutigen Schülern wieder stärker ausgeprägt sind, sie werden durch ein totalitäres Schulsystem beeinträchtigt, das mit Strafen und diversen Einschüchterungsmöglichkeiten wie den Noten und dem Versetzungsstress, vermehrt zu Anpassung und einem "Obrigkeitsgehorsam" zwingt. Letztlich werden aber alle darunter leiden, Schüler wie Lehrer und zukünftig die ganze Gesellschaft. Nur wenn jeder seine Aufgaben und seine Fähigkeiten optimal und vollentwickelt in die Gesellschaft, in das Ganze einbringen kann, wird daraus eine Gesundung und eine Heilung der gesellschaftlichen Belange hervorgehen können.

Diese innere Haltung einzunehmen gegenüber einem Beruf oder besser gesagt, gegenüber einer Berufung, gilt nicht nur für Lehrer. Auch der Landwirt, Arzt und Priester hat seinen Beruf so zu ergreifen, dass er darin eine Mission, dass er eine geistige Aufgabe befolgen kann. Denn die Aufgabe zur Berufung kommt nicht aus dem irdischen Verlangen nach Anerkennung, Spaß, Status, Geld oder dem Verlangen, viel Freizeit zu haben, sondern aus der Verbundenheit des Menschen mit seinen höheren Idealen und Eingebungen, somit aus dem höheren Ich, das diese Mission gewählt hat, um daran seelisch und geistig wachsen zu können. Das höhere Ich, das sich mit dem Christus, mit dem Ich aller Iche, mit dem Welten-Ich verbunden weiß, wird dann auch immer wieder neue Impulse und Kräfte zusenden können, um die vielfältigen und oftmals auch anstrengenden Aufgaben, die eine solche Berufung mit sich bringt, bestmöglich lösen zu lernen.

Natürlich kann sich aus dem hier Gesagten ergeben, dass sich bei solchen Aussagen manche Menschen benachteiligt fühlen, da sie ebenfalls sehr wichtige Aufgaben in der Gesellschaft innehaben, wie zum Beispiel Politiker und Unternehmer und nun nicht zu den „auserlesenen Ur-Berufen" zählen sollen. Doch dem ist natürlich nicht so.

Der Priester ist der Hirte und so haben alle „Priester-Berufe" eine gewisse Hirtenfunktion: sie sollen hüten und bewahren und so aufziehen, dass damit ein gesundes Wachstum möglich wird. Die Hirten auf dem Felde wurden von einem Engel zum Stall nach Bethlehem gewiesen, so sind die Hirtenberufe letztlich auch Berufungen, die uns aus dem inneren Ruf, aus der inneren Eingebung zuteil werden.

Der Politiker, der Unternehmer, der Künstler, der Ingenieur und der Wissenschaftler, der Techniker und der Arbeiter, sie gehören zu den „Königs-Berufen", wo es um Amt und Würde, wo es um Stellung, Prestige, Wissen und Können geht, damit das Ganze, damit die Gesellschaft als Ganzes weiterkommt. Ein guter König und Staatsmann dient seinem Volk, ein guter Unternehmer dient dem Unternehmen und so weiter. Das Hauptaugenmerk in den Königsberufen sollte daher beim Dienen, nicht so sehr im Verdienen, im Lohn, in der Bezahlung liegen. Zuerst also das Dienen, einem Übergeordneten, dem Ganzen, dem „Stern", der die Könige leitet, dann erst kommt das Verdienen, der Lohn der Arbeit.

Aber dies sei hier nur nebenbei gesagt, denn in diesem Artikel geht es hauptsächlich um das Ergreifen der Priesterwürde, die man sich nicht selbst geben kann. Nur vorbereiten können wir uns zur Priesterweihe, die letztlich unser aller „Oberpriester" an uns vollziehen muss. Christus ist der Oberpriester, der Hierophant für jedes priesterliche Wirken, so wie er auch als „Stern" den Königen den Weg zu ihrem Tun leiten will.

Hier nun möchte ich eine kurze Meditation einfügen, die der Anrufung und dem Ruf zur „Priesterweihe" dienen soll.

Zum Priester werden heißt, zum Johannes werden. Der Evangelist Johannes ist der erste Priester Christi. Er wurde als Lazarus von Christus aus dem Tod auferweckt, er gehört also zu den Wiedergeborenen in Christus. Dahin zu gelangen, ist es jedoch ein weiter Weg. Dieser Weg umfasst den ganzen Menschen mit Haupt, Herz und Gliedern. Dabei geht es letztlich um seelisch-geistige Fähigkeiten, die wir uns auf diesem Wege aneignen dürfen, ja, die wir zum guten Ausüben der Hirten-Berufe benötigen.

Im Wort Johannes sind die Vokale IOA enthalten. Sie stehen für die ursprünglichen göttlichen Kräfte des Lichtes, des Lebens und der Liebe. Um diese geht es letztlich, wenn wir zur Priesterweihe schreiten wollen. Das Göttliche wirkt ja durch den Menschen, wenn dieser zum Priester geweiht ist. Wir dürfen uns also auf die drei Vokale IOA einstimmen, sie meditieren, um mit dem Göttlichen in Kontakt zu treten, um eine Kommunion mit der heiligen Trinität zu erfahren.

I     Das I im ruhenden Haupt. I ist der Laut Merkurs. Hier geht es um Achtsamkeit, Intelligenz, Erkenntnis, Aufrichtigkeit, Weisheit und Kommunikation.

O     Das O im Herzen. O ist der Laut Jupiters. Großzügigkeit, Wohlwollen, Mitgefühl, Hingabe und Güte erweitern die menschliche Seele in die Welt hinein.

A     Das A im Rumpf und in den Gliedern. A ist der Laut der Venus. In Liebe und Schönheit, in einem Urvertrauen und Harmoniestreben darf sich der Priester seinen Schutzbefohlenen und der Welt zuwenden.

**IOA**: durch diese Anrufung dürfen wir in Kontakt mit den göttlichen Kräften in uns kommen und sie uns aneignen.

**I** - das göttliche Licht ersteht in uns durch und in einem Glauben an Gottes Wort. Wir benötigen viel Vertrauen, Geduld und Demut, um dem Göttlichen auch in schwierigen Zeiten folgen zu können.

**A** - die göttliche Liebe ersteht in uns durch unsere Liebe zu Gott. Gott ist die Liebe. In unserer Liebe ist Gottes Liebe immanent.

**O** - das göttliche Leben. Wir handeln aus dem Leben Gottes, wenn wir lernen, die Güte und Harmonie Gottes in uns zu spüren. In unserem Herzen soll Gott leben, eine Wohnung bekommen.

So wird allmählich der ganze Mensch durchtränkt mit Gottes Kraft, die immer in uns ist, wenn wir uns dafür öffnen können und wenn wir unser kleingeistiges, niederes Seelenleben verlassen und uns mit ganzer Kraft, mit ganzer Seele und mit ganzem Sein in sein Licht, in seine Liebe und in sein Leben hineinbegeben. Dies ist die wahre Priesterweihe, die alles irdische Sein verklären und veredeln will und die eben nicht beim „Priesterberuf" stehen bleiben muss. Diese Weihe nimmt zwar in diesem Beruf durch Hingabe, durch Opferbereitschaft und durch inneres Gewahrsein ihren Ausgangspunkt, sie führt jedoch von da aus immer weiter und zwar in der Ausrichtung des inneren Lebens zum: „Christus in mir" beziehungsweise zum: „Nicht ich, der Christus in mir".

Im innersten Ich, in der Geistessonne des innersten Menschenwesens sind wir alle wahrhaft zu einem priesterlichen Wirken berufen. Dieses Ereichnis ist dann auch die wahre Wiederkunft Christi im Menschen-Ich und im Menschenleben.

Christus will uns zu Priestern seines Namens machen. Sein Name ist Auftrag für uns. Christus heißt: der Gesalbte. Er salbt, er bestreicht uns mit seiner Kraft und Liebe. Wir sind als Priester Christi wie die Reben am Weinstock. Er ist unser guter Hirte. Durch ihn können wir zu Hirten in und für die Welt werden, als Priester, Lehrer, Arzt oder Landwirt; das ist nicht so entscheidend, denn da hat jeder „Hirte" seinen persönlichen Weg, je nach Veranlagung und Talent.

Doch auch die „Könige" haben ihre geistige Aufgabe und ihre inneren Wachstumsmöglichkeiten durch eine geistige Schulung, wie sie zum Beispiel in den Rosenkreuzer-Mysterien zu finden sind. Der Königsweg strebt an eine Initiation, eine Wiedergeburt im Geiste. Das mystische und meditative Symbol hierfür ist das Rosenkreuz, das Kreuz mit den sieben Rosen.

Das Kreuz ist das Zeichen des Irdischen in den Richtungen des Horizontalen und des Vertikalen und damit auch des Todes. Im Christlichen ist es aber auch das Zeichen der Todes-Überwindung. Die horizontale Linie im Kreuz beschreibt symbolisch gesehen das Leben in der irdischen Welt, in Raum und Zeit nach Gesetz und Ordnung. Die vertikale Achse schafft die Möglichkeit für einen höheren Einschlag, für Impulse aus dem Reich des Geistes. Von unten müht sich der Mensch, von oben erlebt er das Gnadenwirken Gottes. Die erblühten Rosen um das Kreuz symbolisieren die erwachende Seele in den sieben Lotosblumen oder Seelenaugen, die das Irdische und Todbringende umkränzen, so wie das

Leben Gottes die menschliche Seele durchdringen und erblühen lassen will.

Im Grals-Christentum kommt schließlich der Priester- und der Königsweg zusammen. Parzival wurde zum Gralskönig, zum Priesterkönig geweiht. Als Priesterkönig erfährt die menschliche Seele ihre Vervollkommnung und Krönung, denn darin sind die Dualitäten, die Gegensätze aufgehoben und integriert.

Sehr weit ist der Weg dorthin, doch ohne Ziel können wir den Weg nur schwerlich finden. Zu leicht verliert man sich im Alltagsgestrüpp des Lebens. Bestimmte Symbole, Laute und Worte sind da wie Meilensteine, mit denen wir durch die Wirren und Irrungen des Alltags immer wieder eine spirituelle Richtung aufnehmen und verfolgen können. Und sie sind sichere Hilfen, um den Aufgaben in der Welt die nötigen Impulse, Eingebungen und Geisteskräfte zuführen zu können.

Eine Weihe des ganzen Lebens, bis in unsere alltäglichen Verrichtungen hinein, darf sich allmählich ereignen. Wir dürfen zu Priestern und Königen im Reiche des Christus werden, der von sich sagt: „Mein Reich ist nicht von dieser Welt". Symbole, Namen und Mantren können jedoch zu Schlüsseln werden, damit wir in diese Reiche eintreten beziehungsweise daraus gewisse Eingebungen empfangen dürfen.

Aus seinem Reich, aus der göttlichen Himmelswelt dürfen wir, wie die Reben am Weinstock, Kräfte und Säfte ziehen, damit wir in der irdischen Welt reiche Früchte bringen können, damit diese irdische Welt dereinst ein Ort werden kann, in der das Göttliche nicht mehr fremd ist oder gar verfolgt wird, sondern wo die reifen Früchte unserer vielen Erdenleben eine neue Welt erbauen, in der dann Himmel und Erde, in der Gott und Schöpfung dereinst wieder eine Einheit bilden werden. Der Mensch ist dabei Mitarbeiter und Miterbauer und zwar als Priester und als König.

# Ins Reich der Himmel

„Viele Wege führen nach Rom", so sagt es der Volksmund. Und natürlich führen dann auch viele Wege in den Himmel, letztlich so viele, wie es Menschen gibt. Denn jeder Einzelne hat seine ganz persönliche Herangehensweise, um mit dem Göttlichen in Kontakt treten zu können.

Der Gerechte, der alle Gesetze der geistigen Welt befolgt, wie auch der Sünder, der umkehrt und die Liebe erwählt, beide gelangen zum Ziel, der eine durch Schulung, Reinigung, Läuterung und Weisheit, der andere durch die Gnade Gottes.

Es ist dies wie beim Gleichnis vom verlorenen Sohn, beide Brüder haben den Segen des Vaters, der, der ihn verließ und sich in der Welt verlor, wie auch der, der beim Vater verblieben war. Beide haben nämlich Gründe, dem Vater zu danken und sie sollten ihn daher auch lieben, denn dies ist letztlich entscheidend. Ein Neid unter den Brüdern um die Gunst des Vaters offenbart ja nur einen Mangel an Liebefähigkeit. Darum sollten wir alle gemeinsam zu Gott hinstreben, den Bruder mitnehmen, annehmen, egal, was er uns gegenüber auslebt, auch wenn dies weit weg ist von unserer eigenen Einstellung und Lebensweise. Somit ist uns letztlich jeder Mensch ein Bruder oder eine Schwester vor Gott. Das sollten wir zuvorderst bedenken.

Im Folgenden will ich nun an den kabbalistischen Lebensbaum und damit an die zehn Sephirot anschließen, um daran aufzeigen zu können, wie der Aufstieg der menschlichen Seele die vielfältigsten Sphären des kosmischen Alls durchwandern muss, bis sie in die Reiche der Himmel hingelangen kann. Dies kann zunächst als ein Weg der Seele im nachtodlichen Leben aufgefasst werden, aber auch als ein Stufenweg beschrieben sein für den Geistesschüler, der schon im irdischen Leben die Reiche der Himmel für sich entdecken will.

Bei jedem Weg in die Himmelswelten beziehungsweise in das jenseitige Reich hinein, kann dieser durch einen Schulungsweg erfolgen bis hin zur Einweihung in die geistigen Welten oder aber durch sogenannte Lebenseinweihungen, wobei diese eher durch Krankheiten, Schicksalsschläge, Nahtoderlebnisse und ähnlichem gewonnen und erlebt werden, die dann auch dem Damaskus-Erlebnis des Paulus ähneln können. Solche Christusbegegnungen und Lebenseinweihungen geschehen heutzutage vermehrt, da die Wiederkunft Christi, das Erscheinen des Christus im Ätherischen, also im Lebensgefüge der Erde bereits begonnen hat. Diese Christus-Erscheinungen können für jeden Einzelnen ganz verschieden aussehen, doch ihr gemeinsames Erleben wird sein, dass wir daraufhin jeden Menschen als Bruder oder Schwester im Geiste betrachten lernen. Somit lassen sich auf dem Weg zum „Himmel" auch verschiedene Bereiche, Stufen und Etappen voneinander unterscheiden. Versuchen wir daher einen kurzen und hier nur einen recht unvollständigen Einblick in diese überirdischen Wege zu gewinnen.

Gott ist alles! Die Gesamtheit des Himmels und aller Geistwesen ist ein riesiger „Leib", ist der „mystische Leib Christi", so wie dieser von Paulus genannt wurde. Letztlich sind diese unendlichen Sphären der himmlischen Reiche ein einziger Geistesmensch, ein einzig göttlich Wesen, das in sich jedoch aus zahllosen Geisteswelten, ausgestreut wie die Sternenwelten, besteht. Dieser „unendliche Mensch" kann eigentlich nicht mehr richtig gedacht werden, außer von Gott selbst und dem Menschen, der in sich selbst das Göttliche entdeckt hat.

Der Himmel und damit die gnadenschenkende Liebe, sie ruht keimhaft im Innersten jedes Menschen. Dies ist nämlich das größte Wunder, dass das Größte sich im Kleinsten findet und das Kleinste auch das Größte fassen kann. Ja, im Kleinsten, in des Menschen Ich und Geist will sich das Größte, will sich Gott, will sich der „himmlische Mensch" offenbaren. Gott müssen wir daher nicht unbedingt nur über allen Sternen suchen. Viel näher ist er uns als alle Äußerlichkeiten, denn die Gestaltungen und die Kräfte des Himmels können sich eben auch im Menschenherzen formen und zwar durch das Wort, das Gott zu uns spricht. Durch diesen inneren Himmel, an dem wir durch unser seelisch-geistiges Mühen und Tun mitwirken, gelangen wir allmählich in den ewigen, in

den endlosen, in den großen Himmel und damit hin zu Gott.
Der Same beziehungsweise der Schlüssel zum inneren Himmelreich ist das Wort Gottes. Wie der innere Himmel eine Einheit mit dem „großen", mit dem unendlichen Himmel bildet, so zeigt sich darin doch eine gewisse Differenzierung. Wie die Göttlichkeit sich in der Trinität offenbart, so lassen sich drei Sphären der himmlischen Welten unterscheiden, über denen eine „Gnaden-Sonne" leuchtet, woraus die Kräfte des göttlichen Lebens strömen, das All durchdringend bis hinab in die untersten Reiche des Seins. Diese Gnaden-Sonne ist der heilige Gral. Von ihm wird alles gespeist.
Um nun in die Reiche der Himmel eintreten zu können, muss die Seele wiedergeboren werden und zwar jeweils hinein in die verschiedenen himmlischen Sphären. Doch dies ist ein sehr langer Weg, wenn ihn der Mensch durch spirituelle Schulung, Reinigung und Läuterung erreichen will.
In der folgenden Abbildung sollen diese Wege so dargestellt werden, dass sie einer gedanklichen und meditativen Betrachtung dienlich sein können. Ich benutze dafür gerne Begriffe aus der jüdischen Kabbala und natürlich aus dem Christentum, aber auch vedische Begriffe und Vorstellungen können dafür eine Hilfe sein.

### Ain

**Ebene der:**
reinen Liebe, ewiges Leben    3. Himmel - Feuerhimmel - Vater

### Ain Soph

Wahrheit und Liebe    2. Himmel - Kristallhimmel - Sohn

### Ain Soph Aur

Weisheit und des Lichtes    1. Himmel - Heiliger Geist - Sophia

übergeistige, göttliche Welt
Ebene der **Emanation**, der Ausstrahlung
.................................................

53

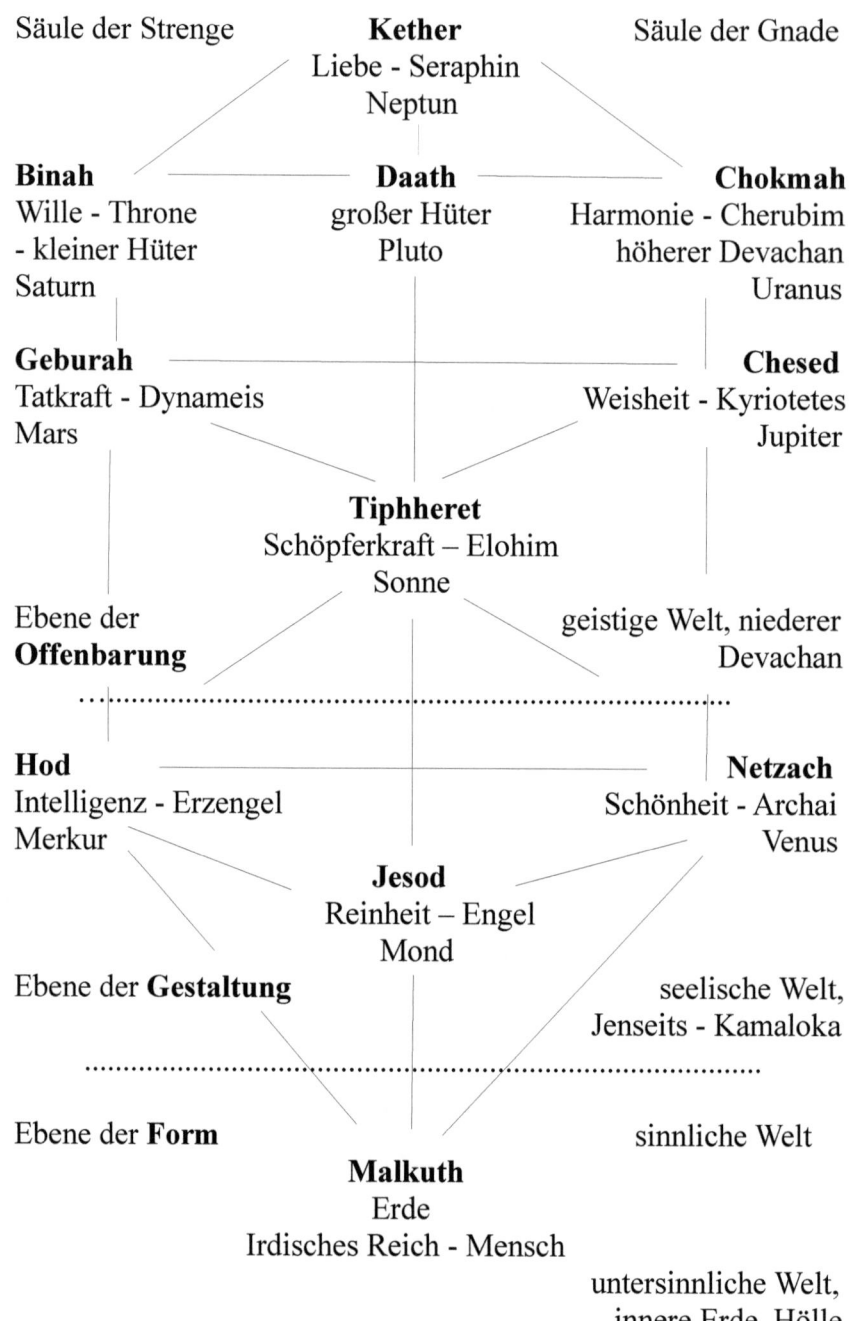

Säule der Strenge    **Kether**    Säule der Gnade
Liebe - Seraphin
Neptun

**Binah**    **Daath**    **Chokmah**
Wille - Throne    großer Hüter    Harmonie - Cherubim
- kleiner Hüter    Pluto    höherer Devachan
Saturn    Uranus

**Geburah**    **Chesed**
Tatkraft - Dynameis    Weisheit - Kyriotetes
Mars    Jupiter

**Tiphheret**
Schöpferkraft – Elohim
Sonne

Ebene der    geistige Welt, niederer
**Offenbarung**    Devachan

**Hod**    **Netzach**
Intelligenz - Erzengel    Schönheit - Archai
Merkur    Venus

**Jesod**
Reinheit – Engel
Mond

Ebene der **Gestaltung**    seelische Welt,
Jenseits - Kamaloka

Ebene der **Form**    sinnliche Welt

**Malkuth**
Erde
Irdisches Reich - Mensch

untersinnliche Welt,
innere Erde, Hölle

Wir beginnen zunächst auf unserer sinnlichen Erde, im irdischen Reich, also in der Darstellung unten beginnend, Malkuth genannt. Vom Kosmos aus gesehen, zeigt sich darin die Ebene der Form, in der alles zuvor Gedachte und vom Göttlichen Ausgestrahlte zur Form gerinnt. Vom Himmel zur Erde geschieht ja eine allmähliche Verdichtung bis eben zur Stoffes-Erde hin. Materie ist verdichteter Geist, die aber nicht nur von lichten Kräften durchzogen ist, sondern auch von untersinnlichen Energien. Untersinnliche Sphären beschreiben nicht mehr nur die natürliche Erde, sie verweisen schon in einen jenseitigen Bereich, den wir normalerweise aber erst im nachtodlichen Leben erfahren können, wenn wir die entsprechenden Energien auch schon im irdischen Leben angezogen haben. Im Diesseits zeigen sich diese untersinnlichen Sphären und Kräfte in der Elektrizität, im Magnetismus und in der Atomkraft. Ein sich Ausliefern diesen Kräften gegenüber hat natürlich gewisse Konsequenzen im Nachtodlichen, wo dann die Mächte und Wesen, die hinter diesen Energien stehen und wirken, viel eher einen Zugriff auf unser Seelisches haben können. Da muss dann erst eine allmähliche Loslösung von diesen Kräften erfolgen, mit zum Teil recht peinigenden Leiden.

Durch eine spirituelle Schulung kann das Jenseits aber auch schon hier bewusstseinsmäßig erfahren werden. Das Jenseits entspricht der Seelenwelt, weil die verstorbene Seele da zuerst hineinkommt; es zeigt sich dreifach in drei Sphären oder Reichen. Zunächst im sogenannten Mittelreich, dem Kamaloka oder Fegefeuer, das sich der Mensch durch seine Taten, Wünsche und Begehrungen im irdischen Leben selber mit-erschafft. Beziehungsweise werden wir dort von dem angezogen, was wir hier im Leben als seelische Fähigkeiten oder Mängel erreicht haben. Hat der Mensch viel Gutes getan, wird er nach einer gewissen Läuterungszeit nach „oben" streben, durch die Monden-, Merkur- und Venus-Sphäre bis in die Sonnensphäre, zu Tipheret, folglich bis in den Vorhimmel beziehungsweise in das sogenannte Paradies hinein.

Verstorbene Seelen leben zunächst im Umkreis der Erde bis hin zur Mondensphäre, auch Jesod genannt, in der verschiedene Engel dem Menschen weiterhelfen können. Die Umlaufbahnen des

Mondes und der Planeten beschreiben die jeweiligen Sphären, in denen bestimmte Seinsbereiche und Wesen wirken. In Jesod, der Mondensphäre, geht es vor allem um die Läuterung der Begierden und der Wunschnatur, also um die Reinheit des Lebens.

Dann folgt Hod, die Merkursphäre. Daraus inspirieren Erzengel mit kosmischer Intelligenz. Die Seele hat hier ihre Zerstreuungen und Oberflächlichkeiten zu wandeln, so lange, bis sie das Wesentliche erkennen lernt. In Netzach, der Venus-Sphäre, von wo aus die Archai, die Zeitgeister in die Seelenwelten hineinwirken, soll der Mensch eine innere Schönheit anstreben und sich mit Liebe erfüllen. Dadurch gewinnt die Seele Zugang ins Paradies beziehungsweise in den Vorhimmel, da Tipheret, die Sonnensphäre einen Übergang ins rein geistige Sein darstellt.

Die Seelenwelt von Jesod bis Netzach entspricht der Ebene der Gestaltung. Bevor etwas Form annimmt, muss es seelisch-geistig ausgestaltet worden sein. So sollen auch wir unser Seelenleben aus dem Geiste heraus schöpferisch gestalten lernen.

Mit Tipheret haben wir die Astral- oder Seelenwelt verlassen, hinein in das Reich des Geistes, zunächst in den niederen Devachan, in das Geistgebiet der konkreten Gedanken und Urbilder, die alles irdische und seelische Sein erst hervorrufen. Hier urständen die schöpferischen Kräfte, die von den Elohim beziehungsweise von den Exusiai, also den Schöpfergeistern ausgehen.

Doch bevor wir gedanklich ganz in das Geisterreich eintreten, muss noch betont werden, dass das Jenseits, dass die Seelenwelt nicht nur über das Fegefeuer und das Paradies verfügt, sondern als untersten Bereich die sogenannte Hölle aufweist. Diese hat ihre seelisch-räumliche Dimension im Inneren der Erde, in der untersinnlichen Welt. Auch dahin kann die Seele nachtodlich hingezogen werden, vor allem, wenn sie sich zu sehr mit dunklen Energien und Leidenschaften angefüllt hat. Da kommt die Seele meistens erst durch große Leiden, viel Schmerz und einer inneren Umkehr heraus. Die guten Geister stehen uns aber auch dort immer hilfreich bei, wenn wir sie darum bitten. Sie achten jedoch immer den freien menschlichen Willen, der eben Glück oder Unglück, Freude oder Leid anziehen kann.

Durch die Höllenfahrt Christi sind auch die inneren Sphären der Erde mit seinem Wesen durchdrungen und können daher gewandelt und erlöst werden.

Nun aber zurück zu den Sphären der Geisteswelten, zu den Ebenen der Offenbarungen. Aus Tipheret, aus der Geistwelt heraus kann die Seelenwelt selbstbestimmt gestaltet werden. Die Geistwelt differenziert sich in den niederen und in den höheren Devachan. Der niedere Devachan beginnt in Tipheret, in der schöpferischen Welt des Geistes und endet beim großen Hüter der Schwelle, in Daath.

Nach Tipheret beginnt Geburah, die Sphäre des Mars; sie beinhaltet die geistige Willens- und Tatkraft, die wir für jegliche Manifestationen im Seelischen und im Irdischen benötigen. Die Dynameis oder Geister der Bewegung strahlen Kräfte aus, die gestaltend bis in die Naturprozesse einwirken. Chesed, die Jupitersphäre, spendet durch die Kyriotetes viel Weisheit und Intelligenz, die im Menschen zu einer Einsicht und zur höheren Vernunft gereichen kann. Diese Geister der Weisheit spiegeln sich im natürlichen Leben auf der Erde, das eben nach weisheitsvollen Ordnungen aufgebaut ist. Danach folgt die Saturnsphäre, Binah, aus der die Throne, die Geister des göttlichen Willens die Geschicke der Welt lenken. Hierher kommt auf dem Schulungsweg nur, wer den kleinen Hüter der Schwelle und damit seinen eigenen, seinen selbsterschaffenen Doppelgänger erkannt und diesen umwandeln gelernt hat.

Vom menschlichen Egoismus bis zum Gotteswillen hin, ist es ein sehr weiter Weg, doch erst danach, also durch das Eingehen in den Gotteswillen, beginnt für die Seele die Sphäre des höheren Devachan, in der das geistige Sein nicht mehr nur in Urbildern und in konkreten geistigen Gestaltungen zu finden ist, sondern wo es als wirkendes Sein urständet. Doch zuvor muss auch noch der große Hüter der Schwelle erkannt werden, die Sphäre Daath, in der es um Tod und Auferstehung beziehungsweise um eine geistige Wiedergeburt geht. Plutonische Kräfte führen entweder in die Abgründe oder in das göttliche Leben ein.

Chokmah ist die Sphäre des Uranus, in der der höhere Devachan beginnt und woraus das Geistselbst im Menschen erwacht. Hier ist die reale geistige Substanz, hier ist die Wahrheit dem Menschen eigen, nicht mehr nur als Bild oder Wort. Die Cherubime, die Geister der Harmonie gestalten aus dieser Wahrheit heraus bis in die irdischen Schicksale hinein.

In der Kabbala, im sogenannten Lebensbaum, endet die Geistwelt in Kether, der neptunischen Sphäre der Liebe. Die Seraphine, die Geister der Liebe halten den Kontakt beziehungsweise sie bilden die Brücke zur übergeistigen, zur göttlichen Welt, zu den Reichen der Himmel.

Der erste Himmel, Ain Soph Aur, hat sein irdisches Abbild, seine irdische Entsprechung im Tierkreis. Der Geistkosmos des Tierkreises ist gebildet aus Weisheit und göttlichem Licht. Darin urständet die Sphäre des Heiligen Geistes, dem überkosmischen Manasprinzip. Dieser erste göttliche Bereich ist schließlich auch die Sphäre der weiblichen Gottheit, der Sophia, die diesen ersten Himmel der göttlichen Emanation und Ausstrahlung bewirkt.

Aus dem kosmisch-geistigen Tierkreis urständen die Kräfte für den menschlichen Leib, wie auch für alle Gliederungen in einem zwölffachen Sein in der räumlichen Welt. Die überkosmische, die übergeistige, die göttliche Welt ist außerhalb von Raum und Zeit, nur die Ausstrahlungen, die Offenbarungen und Ausgestaltungen davon erfahren wir in Raum und Zeit.

Dieser erste Himmel beherbergt die „vielen Wohnungen" für die Gerechten, die sich dort im Glauben an Gott und durch ein gutes Handeln eine Wohnstätte bereiten konnten. Man könnte ihn auch den Licht-Himmel nennen, der in seiner Schönheit und in der Gestaltung dieses Reiches an Herrlichkeit kaum zu überbieten ist.

Dieser Lichthimmel hat sein geistiges Äquivalent im Geistkosmos des Tierkreises wie auch in den Sphärenharmonien, also in den Sphären des Heiligen Geistes, des Geistes der Weisheit, von dem alle Welten bis hin zum sichtbaren Tierkreis und dann weiter bis zum Geist im Menschen durchzogen sind.

Der zweite Himmel, der sogenannte Kristallhimmel ist die Ursache, ist der Urgrund für alle Seelenwelten. Es ist die Himmelswelt des göttlichen Sohnes, des Logos, dem Ur-Wort, von dem alle Schöpfung ausgeht. Seine Emanation ist Wahrheit und Liebe. In Christus sind alle Urkräfte, ist der Ur-Kosmos zu Hause. Der weite Fixsternhimmel und das endlose Sternen-All ist nur das „irdische Abbild" für diesen Kristallhimmel, auch Ain Soph genannt beziehungsweise die Welt des Buddhi-Planes, aus dem die leben-schenkenden Kräfte und die gestaltenden Klänge und Töne zur Erschaffung der verschiedenen Welten entströmen.

Im Kristallhimmel findet sich das göttliche Urbild des Menschen, der sogenannte Adam Kadmon, der kosmische Ur-Mensch, der Mensch in Gott. In diesem Ur- und Wahrbild ist der Kosmos und der Mensch, ist Natur, Mensch und Gott noch eines. Aus diesem Urbild, aus diesen Logoskräften des schöpferischen, des göttlichen Wortes ist alles entstanden, was später Offenbarung, Gestaltung und verdichtete Form geworden ist. Bei dieser allmählichen Formwerdung des göttlichen Urbildes kam es, evolutionsgeschichtlich gesehen, jedoch immer stärker zu vielfältigen Differenzierungen, zu Zersplitterungen und zu Vereinzelungen. In der Schöpfung ist Vielfalt, bei Gott lebt alles noch in der Einheit.

Hier, in dieser Einheit, in diesem zweiten Himmel, ist der Himmel der Seligen, deren Liebe aus ihrer Weisheit hervorging und aus ihrer Weisheit die Liebe. Seelen, die aus Liebe zu ihren Nächsten und zu Gott handeln, die also aus Gott heraus zu lieben fähig sind, schauen Gott in diesem Himmel als die liebende Sonne, darinnen der göttliche Vater wohnt.

Und zuletzt das Ain, der Feuerhimmel, die Welt des Vaters, die reine Ausstrahlung der Liebe und des ewigen Lebens. Von hier gibt es kein Abbild mehr im Kosmos, denn hier urständet und ruht das Sein. Im Menschen wird dieses Sein im sogenannten Atman wahr, wenn der Mensch seine Hüllen bis zum Leib hin einmal ins Himmlische verklärt haben wird. Der Geistesmensch, der auferstandene Mensch ist das letztendliche Ziel der Schöpfung. In ihm ist Gott und Mensch wieder vereint.

In diesen dritten Himmel kommt man nur hinein durch die reinste Liebe. Selbst die himmlischen Seligkeiten der unteren Himmel muss man lassen können, denn hier herrscht größte Einfachheit, die letzte Einheit, in der Gott Vater und Christus als der Vater und

Freund mit seinen Geschöpfen, mit seinen „Kindern" zusammen ist. Hier können wir durch keine „Taten" hinein kommen. Das allerheiligste Zentrum dieses Himmels kann nur durch die Gnade und Liebe Gottes in seinen „Kindern" eingeboren werden.

Der Mensch kann im Reich des Vaters eine Teilhabe an der ewigen Wahrheit und Liebe erlangen. Das Leben Gottes ersteht sodann im Menschen und durchdringt ihn von innen her. Dies ist die tiefste mystische Erfahrung, die dem Menschen zuteil werden kann. Der Mensch empfängt aus der Hand Gottes die Krone des Lebens, das wahre, das ewige Leben in Gott. Er wird ganz durchdrungen vom Heiligen Geist, gespeist mit dem himmlischen Mahl aus göttlichem Brot und Wein, das in ferner Zukunft schließlich einmal die neue und verklärte Schöpfung bewirken kann.

So wird im Laufe langer Zeitenläufe allmählich ein neuer Lichtmensch immer sichtbarer und damit ein verklärter Kosmos, der große, der mystische Leib Christi, der alle vergangenen, jetzigen und zukünftigen Schöpfungen in sich beschließt. Diese Schau des höchsten Himmels beziehungsweise der zur Gottähnlichkeit gelangte Mensch darinnen, dieser Mensch ist zum Teilhaber und zum Mitarbeiter an und in der neuen Schöpfung geworden.

Die ganze Schöpfung soll ja schließlich einmal heimgeholt werden in das Leben Gottes, in das Reich des Vaters. Und so wirkt der in Gott erwachte Mensch in der Welt, doch sein Herz wird in Liebe und Demut immer sein beim göttlichen Vater, den er als eine „Person" in der verklärten Lichtgestalt des Christus, also im Auferstandenen von Angesicht zu Angesicht erschauen darf. In dieser personalen Zuwendung und Selbstschenkung zwischen Gott und dem Menschen erfüllt sich schließlich alle menschliche Sehnsucht, aber auch die Liebessehnsucht Gottes selbst. Hier, in dieser neuen Verbundenheit, in dieser neuen Welt waltet nur noch Friede, Freude und Glückseligkeit.

Doch es ist nicht des Menschen Aufgabe auf der Erde, in solchen erhabenen Regionen und Sphären zu schwelgen oder gar darinnen zu verbleiben.

Christus ist bei seiner Menschwerdung und damit in seinem fortschreitenden Opfergang abgestiegen aus dem Vaterreich, er hat alle Sphären und Welten erschaffen und durchdrungen, dabei immer wieder erneute Opfer gebracht, bis hinab zu Malkuth, unserer irdischen Welt. Und er ging im Leben des Jesus von Nazareth freiwillig, das Erdenleid bejahend, bis in den Tod und dadurch auch in das Kamaloka und sogar bis in die Höllenreiche hinein. Seine Erlöserkraft, seine Gnadensphäre durchdringt seither alles Sein, langsam, aber stetig wachsend. Und so soll auch der Mensch in der Nachfolge Christi alle Reiche des Irdischen mit seinem Geist läutern und verklären helfen. Durch Christi Opfertat und durch sein Gnadenwirken sind die Wege in die Himmel hinein für niemanden mehr verschlossen. Wir selbst haben es nämlich in der Hand, ob wir seine Gnade annehmen wollen oder auch nicht.

Der kabbalistische Lebensbaum kennt drei vertikale Säulen. Die Säule der Strenge muss der Mensch vor allem im Nachtodlichen erwandern, bis er in die Sonnensphäre, ins Paradies hineingelangen kann. Die Säule der Gnade beschenkt den Menschen mit kosmischen Kräften von oben, wenn er sich dieser für würdig erweist. Die mittlere Säule, die Sonnensäule geht ichhaft, sonnenhaft in der Nachfolge Christi durch Daath, durch den inneren Tod, dem Loslassen alles Egozentrischen, um zur reinen Liebe, um zur Gottesliebe, um zu Kether gelangen zu können. In dieser mittleren Sonnen-Säule begegnen sich durch den Leidensweg des Christus das irdisch-menschliche Leben, der Tod und die Auferstehung und damit die Welten der Himmel mit denen der Erde. Diese mittlere Säule, von Malkuth bis Kether, wurde durch Christi Leben und Tod als ein Zugang und als erneute Öffnung für den Menschen in die Himmelreiche hinein erschaffen. Damit umschließt und durchdringt der Gottes-Wille alle Welten, ohne jedoch ganz in diesen aufzugehen.

Das Reich Gottes, das Reich der Himmel ist somit auch im Menschen zu finden und von diesem ausgehend, alles Sein der Erde, alle natürliche Kreaturen achtend, diese mit seinem Geist durchdringend und mit seiner Liebe erlösend, wenn er in und durch sich Gottes Sein, Gottes Weisheit und das göttliche Liebewirken in seinem Menschen-Ich erfassen kann. Dies ist unsere Zukunft, auf dass die Erde durch das göttliche Wirken im Menschen dereinst einmal selbst zu einem Stern der Liebe sich wandeln kann. Die Reiche der Himmel und die Reiche der verklärten Erde wollen zukünftig einmal eine Einheit bilden, das ist das neue, das himmlische Jerusalem, die Burg des Grals. Im durchlichteten Menschenleib, im Auferstehungsleib des Christus ist dieses ferne Ziel schon als Keim eine Wirklichkeit geworden. Diese Tatsache kann für uns alle zum Ansporn und zu einem realen Urbild heranreifen, aus dem wir neue Kräfte und Tugenden für alles Leben hier und jetzt, wie auch für zukünftige Zeiten schöpfen können.

Das Reich Gottes auf Erden, es wird geschaffen im Inneren des Menschen, vom Herzen geht es aus, wenn der Mensch den Himmel in sich gefunden hat. Der innere Himmel im Menschen lebt schließlich auch im „großen" Himmel Gottes. Gott ist im Menschenherzen und der Mensch ist in Gott, wenn er sich in Demut, in reiner Liebe und in keuscher Kindheitskraft diesem göttlichen Leben hingeben kann. Dies ist der Beginn der neuen Schöpfung, in der Himmel und Erde, in der alle Sphären und Welten des weiten Seins zusammenkommen können. Und dies ist schließlich unser aller Schöpfungs-Auftrag und damit auch der Schöpferwille, der alles Sein durchzieht.

Doch weit ist der Weg bis dorthin. Viele Leben braucht es noch, bis alle Menschen diesen hohen Willen in sich erkannt haben und viele Hürden sind demnach noch zu überwinden und zu bewältigen, um diesen Willen auch umsetzen zu können. Der Mensch lernt entweder aus Einsichten oder aus Schmerzen. Gerade in unserer Zeit müssen und können die Weichen gestellt werden für eine Zukunft, die entweder durch viele Katastrophen und Krisen hindurchführen wird oder die durch gesunde, humanistische Werte und Elemente, wie auch durch eine ehrliche Selbsterkenntnis in eine lichtvollere Menschheitsentwicklung hineinführen kann.

Die geistigen Hilfen sind da, wir müssen sie nur ergreifen. Nicht nur die destruktiven Kräfte und Mächte sind im Menschenreich wirksam, denn es gibt auch heute noch sehr viele gute Ansätze und Möglichkeiten für eine bessere Welt. Nur Tun sollten wir diese dann auch. In diesem Sinne wollen die hier vorliegenden Gedanken aufgefasst werden.

# Vom Sinn des Leidens

Kein gesunder Mensch möchte gerne leiden. Und so ist es nur normal, wenn eine immense Medizin- und Pharmaindustrie damit beschäftigt ist, das Leiden, so gut es geht, zu minimieren. Ja, am liebsten hätte man es, wenn man alle Krankheiten, zum Beispiel durch Impfungen, Nährstoffzufuhr, Desinfizierung und Sterilität ausschalten könnte. Nur zu welchem Preis?

Steckt nicht in Unfällen, Krisen und Krankheiten ein tieferer Sinn, den zu ergründen es viel wichtiger wäre, als nur leidfrei sein zu wollen?

Vor allem im Buddhismus und in ähnlichen Strömungen wird versucht, mittels einer geistigen Ausrichtung und dem Entwickeln seelisch-geistiger Fähigkeiten beziehungsweise dem Verhindern von Hass, Gier und Unwissenheit, das Leid zu vermeiden. Ein klarer Geist soll die Dinge so erkennen wie sie eben sind und das schafft natürlich die beste Distanz zu diesen selbst, denn laut dem Buddhismus bewirken die Anhaftungen an die Dinge der Welt, also der „Durst" nach dem Dasein, die Leiden, die Krankheiten und schließlich den Tod.

Im Mitgefühl mit anderen, das der Buddhist anstrebt, kommt man zudem leichter weg vom eigenen Schmerz und Leiden und damit auch vom eigenen Sein. Dies ist sicher sehr hilfreich und heilend.

Doch es wäre, insgesamt gesehen, eine große Illusion, wenn man meint, der Mensch beziehungsweise die Menschheit könnte gänzlich vom Leid befreit werden. Der ursprüngliche Buddhismus strebte daher auch nur eine Selbsterlösung an, das heißt, einzelne Menschen, wie eben der Buddha, vermochten es, diesen Weg der Loslösung von irdischen Anhaftungen bis hin zu einer Erleuchtung zu gehen. Spätere buddhistische Strömungen, wie die des Mahayana-Buddhismus, erhielten einen zusätzlichen Einschlag, denn da ging es dann vor allem darum, so lange helfend unter den Menschen zu wirken, bis alle Menschen eine Befreiung erlangt haben. Dies ist aber durchaus auch ein christliches Merkmal.

Und so bestehen eben noch weitere Möglichkeiten, dem Leiden zu begegnen und zwar zunächst natürlich auch in einem passiven Erdulden. Dabei nimmt man sein Schicksal an, man fügt sich, denn viele Leiden haben ihre karmischen Ursachen in früheren Zeiten und Erdenleben. In der alten indischen Philosophie, im Hinduismus wird nun eher diese Variante der Leid-Begegnung bevorzugt. Denn ohne einen solchen gerechten Schicksalsausgleich wären unsere seelisch-geistigen Wachstumsmöglichkeiten ziemlich eingeschränkt.

Somit ist es auch nicht sinnvoll, alle Krankheitserreger nur ausmerzen zu wollen. Viel eher kann das Leiden zu einem „Erzieher" werden, um unser irdisches Leben in einem gesunden und geistgemäßen Denken und Verhalten umzuändern. Jedoch, eine medizinische und psychologische Begleitung in Krankheitsphasen ist dringend zu empfehlen, um aus einer Krise gestärkt und mit neuen Impulsen heraustreten zu können. Von manchen Leiden erlöst auch erst der Tod und so dürfen wir auch diesen willkommen heißen, wenn unsere Erdenaufgabe sich dem Ende zuneigt, denn im Tod findet man erst das wahre Leben, das heißt, hinter den physisch-leiblichen Realitäten ersteht die Welt des Sinns, der Überschau und des tieferen Verstehens. Da sollen wir alle hingelangen.

Somit müssen wir das Leiden auch nicht nur passiv erdulden. Wir können es in einem christlichen Sinne bejahen, aktiv annehmen und versuchen, dessen eigenes „Geheimnis" zu enträtseln.

Wie vorher schon beschrieben, nahm Christus in seinem Erdenleben freiwillig die Schwere des Kreuzes und den Tod auf sich, um diesem Schmerz, dieser Pein, dieser Not und Einsamkeit die größtmögliche Liebe abringen zu können.

Ja, an Widerständen und seelischen Abgründen können wir innerlich wachsen und ganz neue Fähigkeiten entwickeln. Die Liebe bildet sich vor allem an den widrigen Umständen des Lebens aus, da kann sie sich bewähren und zur Tat werden, ansonsten ist sie zumeist nur ein Wunschgebilde und keine wirkliche Liebe. Im Erleben des Alltags und der Aufgaben, die damit verbunden sind, zeigt sich erst, wie weit wir wirklich im Seelisch-Geistigen fortgeschritten sind.

So dürfen wir selbst in das tiefste Leid, zumindest bewusstseinsmäßig eindringen, Licht hineinschicken, dieses Leid in Liebe annehmen, mit Liebe umhüllen und dies bis hin zu einer Feindesliebe. Jedoch, wir brauchen auch hier nicht im eigenen Leid stecken bleiben. Denn der Christ, er leidet mit. Mitleid nimmt das Leid, auch das des Anderen an. Keine Distanz ist mehr dazwischen, denn Mitleiden ist eine seelische Tat, die uns ganz mit dem Anderen, mit seinem Leid verbindet. Das Mitgefühl bleibt eher noch im seelischen Erleben, das ist natürlich auch sehr wichtig, doch das Mitleid, das letztlich auch einer bestimmten Weise des Mitgefühls bedarf, es geht tiefer, es geht bis in den Willen, wenn wir aktiv und freiwillig an diesem Prozess teilnehmen.

Mitleid heißt aber nicht Bedauern, den Anderen zu bejammern und ähnliches, sondern ein Helfen-wollen, ein Wille zur Tat. Und dies vor allem, wenn der Andere, wenn der Leidende unsere Hilfe annehmen will. Ansonsten kommen wir sehr leicht in ein Helfer-Syndrom hinein oder in eine Selbstausbeutung, wenn wir uns zu viel aufbürden.

„Geteiltes Leid ist halbes Leid", so sagt es der Volksmund. „Einer trage des Anderen Last", so lautet es in der Bibel. Diese Einstellung geht weit über das buddhistische Mitgefühl hinaus. Im Mitleiden können wir sogar zum Mitträger des Karmas unserer Mitmenschen gereichen. Leiden wir an der Welt, so tragen wir auch etwas mit am kollektiven Karma, für das wir persönlich vielleicht gar nicht so arg verantwortlich sind.

Leiden wir zum Beispiel an den Ungerechtigkeiten der Welt, so wird in einigen spirituellen Kreisen des Öfteren behauptet, man würde zum Leiden der Welt noch sein eigenes hinzutun. Das stimmt so aber nicht ganz, denn zeige ich zum Beispiel ein seelisches Mitgefühl und Mitleiden an der Ausbeutung vieler ärmerer Menschen in anderen Ländern, zum Beispiel heute in der Textilindustrie, wie überhaupt in der Rohstoffgewinnung und ähnlichem, so wird dieses Mitleiden meine Einstellung in der sozialen Frage nach mehr Menschlichkeit und Gerechtigkeit verändern können. Somit werde ich eher tätig, vielleicht auch nur, in dem ich anders einkaufe oder wenn ich bete und lichtvolle Gedanken in leidvolle Gegenden hinschicken will.

Der Christ strebt also nicht die Leidfreiheit an und damit das vermeintliche Glück, denn er will zum Mitarbeiter und zum Nachfolger Christi heranreifen. Man braucht dabei aber nicht zum Masochisten werden. Es geht schließlich um eine Leidverwandlung und nicht um ein Steckenbleiben darinnen. Wer nur das Glück und das persönliche Heil sucht, wird sowieso nicht leidfrei werden können; oftmals zieht man dadurch das Unglück erst richtig an. Denn in der Welt der Dualitäten gehören Gegensätze, wie Lust und Leid einfach dazu. Viel eher geht es um eine Transformation, um Entwicklung und Wandlung, hin zu einer Ebene, die nichts ausklammert und dadurch alles erhöhen und veredeln kann.

Nach jedem freien Sterben in Christi Namen folgt eine Auferstehung. Nach jeder durchgemachten Krise findet eine Erneuerung statt. Das Leiden war also nicht umsonst, es war nicht ohne Sinn. Die größten Kunstwerke werden oftmals erst nach durchstandenem Leid ermöglicht. Und wir sagen ja auch zu Menschen, die einem nahestehen: „Ich kann dich gut leiden". Somit verbindet das Leiden auch. Durch das Mitleiden, zum Beispiel mit der bedrohten Erde, gewinnen wir eine ganz neue und tiefe Beziehung zu ihr, ja wir merken, dass die Erde etwas Lebendiges, ein lebendes Wesen ist, das uns für die Zuwendungen ihr gegenüber, auch etwas zurückgeben kann. Eine Tiefenökologie entsteht daraus, die uns tiefer, fester und gesünder mit unserem Heimatplaneten verbinden hilft.

Auch langwierige Krankheiten können in diesem Kontext gesehen werden und gerade dadurch, weil sie schwer zu ertragen sind, können sie manchmal ganz neue Gemütsverfassungen in uns ausbilden. Man erwirbt sich Geduld, Bescheidenheit, Demut und mitunter auch viel Weisheit und Positivität, weil man merkt, das Leben spielt sich nicht nur in äußeren Angelegenheiten ab, ja, es werden dadurch sogar viele innere Kräfte frei. Und dies sind ja die Schätze, die in unserer hektischen und nach Vergnügungen strebenden Zeit oftmals eine „Mangelware" sind und die wir als neu errungene Fähigkeiten sogar ins nachtodliche Leben mitnehmen können. Dies gilt jedoch nicht für die vielen irdischen Dinge und Besitztümer, nach denen viele Menschen zeitlebens streben.

Selbstverständlich möchte der freie, sich selbst bestimmen wollende Mensch sein Leben so gestalten, wie er sich dies auch wünscht. Doch in unvorhersehbaren Krisenzeiten kommt jeder einmal an einen Punkt, an dem er nicht mehr weiter weiß, wo er letztlich kapitulieren muss.

Parzival, der Gralsritter, wollte durch Kampf und Eroberung sein Leben meistern und den Gral erringen. Doch dies war immer wieder vergebens, bis er in der Einsamkeit, im Leid und im Erkennen der Nichtigkeit seines bisherigen Tuns alle Kraft verlor. Da bedurfte es schon eines Trevrizent, eines eingeweihten Priesters, der ihm den Sinn seines Leidens erschloss. Erst nach dieser Unterweisung konnte Parzival die Zügel seines Pferdes loslassen und so erneut auf die Gralsburg gelangen. Nicht mehr das eigene Streben und Wollen bestimmte seinen weiteren Weg, denn sein Pferd, es steht für feinere Wahrnehmungen und Empfindungen, fand den Weg zur Burg.

„Durch Mitleid wissend – der reine Tor", so lautet ein Satz in Richard Wagners Oper: Parzival. Mit dem „Bruder" mitleidend, macht uns einfühlend, liebend und weise. Im Leid des Anderen erkenne ich mich selbst, erkenne ich auch mein Leiden, denn schließlich gibt es feinstoffliche Ebenen, in denen jeder Einzelne auch immer mit dem Ganzen, mit dem Kollektiv, mit der Gemeinschaft verbunden ist. Ein reines Herz erkennt darin die eigenen Fehler, die Mängel, die verhindern, um zum wirklichen Heil, zum Heil für das Ganze gelangen zu können.

„Die Wunde schließt der Speer nur, der sie schuf", so lautet es ebenfalls bei Richard Wagner. Der Speer steht für die feurigen Willenskräfte im Menschen. Will ich haben, das Äußere, die Welt und darin mächtig sein und geehrt werden oder will ich erkennen, das Hohe, das Gute, den tiefen Sinn und diesem dienen? Diese Entscheidung muss ein Sucher des Gral treffen können. Da, wo der Speer nach Außen strebt und gerichtet ist, wird er immer Wunden schlagen. Erst, wenn er nach oben, zum Himmel ausgerichtet wird und der Mensch anfängt, sich zu läutern und zu reinigen, wird eine Heilung möglich sein.

Das Leid fordert daher eher zu einem inneren Ringen und

Kämpfen auf, so wie Christus vor seinem Tod im Garten Gethsemane mit sich und seinem „Schicksal" gerungen hat. Seine Bitte: „Vater, nicht mein Wille geschehe, sondern der Deine", gab ihm die Kraft und das Verständnis für seinen nachfolgenden schweren Weg. Er tat dies ja nicht um seiner selbst willen, denn Christus hat nicht aus einer karmischen Ursache heraus gehandelt, sondern um die ganze Welt durch diese selbstlose Tat erlösen zu können.

Der Buddhist will das Leid überwinden, er strebt an das Glück des freien Geistes. Dies ist eine Vorstufe, eine Voraussetzung für eine wirklich freie Entscheidung, die sich für ein selbstbestimmtes Wirken in der Welt und für die Welt einsetzen will. Zu einer selbstlosen Tat kann man sich ja nur in einer freien, ichhaften und selbstbestimmten Weise entscheiden.

Leid ist Schmerz, ist Verdichtung. Wenn Gott sich in Christus bis in einen Menschenleib hineinverdichtet, bedeutet dies sehr viel Schmerz. Wird dieser Schmerz jedoch mit göttlichem Licht durchtränkt, kann eine Art Umstülpung geschehen. Im tiefsten Schmerz, in der stärksten Verdichtung, dies ist wie in einem „Nadelöhr", kann es plötzlich hell und licht werden. Eine neue Welt tut sich auf. Im Schmerz beziehungsweise aus dem Leiden, aus dem tiefsten Schmerz, aus dem Tod ersteht das neue Leben, da Christus im Mysterium von Golgatha bis in den tiefsten Punkt der Verdichtung, bis in das Erdinnere eingedrungen ist und dort eine „Wohnung" bereitet hat.

So muss einer Auferstehung folglich eine Höllenfahrt vorausgehen. Die Schichten der inneren Erde, in denen vor allem auch die Kräfte der Finsternis walten, können in Freiheit, zusammen mit dem Christusgeist durchschritten werden. Doch diese Erdschichten beziehungsweise gewisse Ausdünstungen daraus, sie wirken bis in das Unterbewusste des leiblich orientierten Seelenlebens ein. Eine wirkliche Selbsterkenntnis erfordert daher eben auch das Wahrnehmen aller Sphären unserer Welt, nicht nur die der reinen Himmel oder die des sinnlichen Daseins.

„Zeige mir Deine Wunden". Unsere Wunden werden so zu Türen des Heils. Die Wundmale Christi sind die geistigen Zentren im neuen, im lichten Leib, mit denen wir zukünftig heilen können. In einer früheren Schrift bin ich auf die fünf Wundmale des Christus im Zusammenhang mit dem menschlichen Seelenleben etwas näher eingegangen. Darauf muss ich hier verzichten.

Christus ist der Heiler und Erlöser der ganzen Welt und damit auch der niedersten Seelengründe. Er will aber nicht, dass wir auf diesem Heilsweg das Leid fliehen oder es nur erdulden. Wir sollen daraus lernen und wir sollen im Leid einen Weg zu ihm erkennen. Christus leidet nämlich in unserem menschheitlichen Leiden mit. Er trägt uns in unserem Leid und er verklärt unser Leid zu himmlischen Tugenden. Nicht umsonst bilden zwölf Perlen die Tore zum Neuen Jerusalem, zum neuen Himmel und zur neuen Erde. Die Perle entsteht bekanntlich selbst in der Natur durch Leid, durch Schmerz, wenn in die Perlenmuschel ein Fremdkörper eindringt und dieser mit Perlensubstanz umschlossen wird.

Und selbst die Kinderkrankheiten dienen in entsprechender Weise der Ausbildung eines starken Immunsystems und eines gesunden seelisch-geistigen Wachstums. Somit brauchen wir keine Angst zu haben vor Erregern und sonstigen Angriffen auf unseren Leib und unsere Seele. Alles, was auf uns zukommt, dient im Endeffekt unserem inneren Wachstum. Nichts geschieht uns, was nicht eine tiefere Ursache und einen Sinn hat. Daher sollten wir uns viel stärker in einem Gottvertrauen und in einer Schicksalsergebenheit schulen, um nicht durch Verdrängungen und Vermeidungen des Schwierigen und Leidvollen noch mehr Schicksalsschuld aufzuladen, die wir spätestens im Nachtodlichen oder in einem nächsten Leben ausgleichen müssen.

Auch wird durch ein technisches oder chemisches Einwirken auf Krankheitskeime die Natur oftmals genötigt, noch aggressivere Erreger und Krankheiten auszubilden, was letztlich einem Kampf mit der Hydra gleichen kann. Der Mensch sollte daher nicht versuchen, selbst Gott spielen zu wollen, sonst müsste noch ein größeres Leiden folgen, so lange, bis er gelernt hat, das Leid anzunehmen, an ihm demütig zu werden und in ihm den Geist der Wahrheit zu finden, der uns wahrhaft frei werden lässt.

Das Leid ist daher oftmals der schnellste und kürzeste Weg zu Gott, denn Gott ist tief in jedem Leiden verborgen. Wir können ihn darin finden, wenn wir die Wurzel des Leidens annehmen, erkennen und lieben lernen. In dieser Liebe lebt Gott.

Durchdringen wir das Leid in und mit Liebe, so kann es sich allmählich auflösen, denn die Liebe wärmt und sie gleicht aus, wo vorher Einseitigkeiten herrschten. Entweder sind wir oftmals zu sehr im Leib, im Festen, in der Materie, an Ahriman gebunden oder wir sind zu flüchtig, zu selbstsüchtig, in einer luziferischen Scheinwelt gefangen, was die jeweiligen Krankheiten ausmachen kann. Das göttliche Licht heilt den Geist und darüber den Körper, die Liebe heilt die Seele und die Weisheit verbindet zu rechtem Tun und Leben. Dahin kann und möchte uns das Leiden allmählich hinführen. Dann ist es nicht mehr nur schlecht. Es wird zur Tür, es wird zu Weisheit, zu Liebe und zu Licht; es bekommt eine göttliche Natur. Dies ist ein wirklicher Erlösungsweg, ja, ein Heil.

Endgültig frei vom Karma, vom Gesetz der Ursache und der Wirkung, kann der Mensch aber erst im Himmel werden. Ab dem ersten Himmel, dem mütterlichen Ur- und Geistkosmos, im Reich des Idealen nach Platon, also in der Ideenwelt des Heiligen Geistes, findet sich die Wahrheit, die keinem irdisch-moralischen Gesetz mehr unterliegt. Leben wir in und aus dieser Wahrheit, kann es nichts Falsches und Krankes mehr geben. In der Ausbildung des Manas-Prinzips, des Geistselbst beziehungsweise des höheren Ichs im Menschen, kann diese Sphäre für den einzelnen Menschen eine Wirklichkeit werden. Heute ist dies jedoch für die meisten Menschen noch eine ferne Zukunftsmusik.

Im zweiten Himmel, im sogenannten Kristallhimmel, finden sich die Urbilder des göttlichen Lebens. Daraus fließt der Gnadenstrom des göttlichen Sohnes. Vermögen wir es, nach diesen Urbildern des Lebendigen unser Menschsein auszurichten, wird Heil, wird das Göttliche in uns sein. Christus ist durch sein Erdenleben und in seiner Wiederkunft im Ätherischen zum Verwalter und Erlöser unseres Karmas geworden. Somit begegnet uns auch im Schicksalswirken ein göttlicher Gnadenstrom. Das „Aug um Auge" der alten Schicksalsgerechtigkeit wird mehr und mehr abgelöst werden durch die Vergebung und die Wiedergutmachung. Daran erkennen wir seine Wiederkunft.

Im dritten Himmel, im Feuerhimmel des göttlichen Vaters, erstrahlt die höchste Gotteswelt. Wer dahinein aufgenommen wird, hat kein Karma mehr zu tragen, er ist befreit.

Der hauptsächliche Ort, wo unser Karma ausgearbeitet und geordnet wird, ist im Jenseits, ist also in der astralen Sphäre des Kamaloka zu finden. Im sogenannten Mittelreich des Jenseits bildet sich im Nachtodlichen ein Schicksalsausgleich heran, den wir dann im nächsten Leben zwischen Geburt und Tod einlösen müssen. Ist die Seele jedoch auch dort nicht bereit an einem Schicksalsausgleich, zusammen mit den geistigen Helfern, mitzuarbeiten, bereitet sie sich selbst die Höllenpein, die Qualen in den untersinnlichen und dämonischen Sphären des Erd-Inneren heran. Erst im Aufwärtsstreben, in einer Läuterung des Seelischen in der Astralsphäre, kann die Seele im Nachtodlichen irgendwann in den Vorhimmel, nach Dante in das sogenannte Paradies gelangen, um nun mit neuen geistigen Impulsen ausgerüstet, ein weiteres irdisches Leben antreten zu wollen.

Das Karma eines Menschen kann teilweise auch in dessen Horoskop eingesehen werden. Das Jenseits des Mittelreiches offenbart sich vor allem in den Planetensphären des Mondes, des Merkurs und der Venus, das sind die schicksalsbestimmenden Planeten, sowie in den Sphären von Mars, Jupiter und Saturn, den schicksalsbefreienden Planeten, da von dort neue Impulse für eine Wandlung kommen können. Die Hölle ist in den tiefen Erdregionen zu finden. Pluto regiert da die Unterwelt, wie auch Uranus und Neptun in ihren negativen astrologischen Aspekten in solche Sphären weisen. Zudem führen Lilith, der Schwarzmond und bestimmte Rückläufigkeiten in niedere Abgründe hinein. Saturn zeigt uns dabei immer wieder unsere karmische Verantwortung, unsere karmischen Aufgaben. Ihm können wir nicht wirklich entweichen. Dies sei hier aber nur nebenbei gesagt, denn eine tiefergehende astrologische Ausarbeitung eines Horoskops muss natürlich sehr behutsam und persönlich angegangen werden.

Das Paradies beziehungsweise die Energien und Impulse daraus, findet sich in der Sonnen- und in der Jupitersphäre. Saturn behütet und beschützt darüber die Sphären in die oberen Geistesreiche hinein, also den höheren Devachan, vor unreifen Eindringlingen. Er ist unser karmischer Richter. Im höheren Devachan, im Geistkosmos der Welt, finden wir schließlich die Ideen und die Ideale, mit denen wir unser irdisches Leben geistgemäß gestalten lernen. Doch erst aus den Sphären des übergeistigen Himmels kann die Sündenvergebung beziehungsweise die Erlösung vom Karma- und vom Reinkarnationsgesetz erfolgen. In der sogenannten Welten-Mitternacht kann die menschliche Seele auf ihrem nachtodlichen Weg durch die kosmischen Sphären einen kurzen Einblick gewinnen in das göttliche Sein, um dann anschließend den Weg in ein neues Erdendasein vorbereiten zu können. Das Schauen des göttlichen Urbildes des Menschen in der Welten-Mitternacht, also im höchsten Himmels-Punkt des nachtodlichen Lebens, lässt die Seele zu einem erneuten Erdenabstieg bewegen, da nur auf der Erde der zukünftige, der vergöttlichte Mensch selbsttätig verwirklicht werden kann.

Durch das Mysterium von Golgatha wurde der Himmel erneut mit der Erde verbunden, bis ins Jenseits und in die Todes- und Höllenreiche hinein. Somit muss keine Seele auf ewig verdammt bleiben. Der Gnadenstrom Gottes ist durch Christus im ganzen Kosmos angekommen. Die Religion des Logos gilt für alle Menschen und damit im Weiteren auch für alle Kreatur.

Somit ist die Verwirklichung Gottes im menschlichen Leben unser aller Ziel, denn diese bedeutet erst eine echte Menschwerdung. Religion ist letztendlich eine lebendige und selbsterlebte Gottes-Offenbarung, unabhängig von allen Konfessionen und bestimmten Glaubensüberzeugungen. Der lebendig erfahrbare Gott im Inneren des Menschen, jedes Menschen ist erst die wahre Religion. Doch leicht ist diese Erfahrung nicht zu finden, zumeist erst einmal nur in kleinen und schwachen inneren Erhebungen und einem feinen Strömen, wie auch in Gefühlen des Vertrauens und in der Gewissheit eines inneren Glaubens, in der Hoffnung und in der Liebe.

Der Wege dorthin sind es viele, letztlich so viele, wie es Menschen gibt. Das gemeinsame Ziel ist schließlich aber das gleiche: Gott zu erfahren und dadurch immer mehr selbst göttlich zu werden. Darauf kommt es schließlich an.

# Liebe

Über die Liebe schreiben zu wollen, dieses Unterfangen kann immer nur einen recht kleinen Teil beleuchten. Denn die Liebe ist so groß und umfassend und so kann dieser Artikel hier nur ein paar kurze Gedanken zusammentragen, die ein Stück weit das Mysterium der Liebe erhellen mögen.

Die poetischen Sätze eines Paulus im „Hohen Lied der Liebe" im Korintherbrief sind wohl die beeindruckendsten Verse, die über die Liebe geschrieben wurden, des Weiteren ist hier das „Hohe Lied Salomos" aus dem Alten Testament zu erwähnen, das ganz überraschend die körperliche Liebe mit einbezieht. Ja, eine riesige Bibliothek von Sachbüchern, Romanen und Gedichten breitet sich inzwischen aus über das große Thema der Liebe, von psychologischen, religiösen und philosophischen Standpunkten her gesehen oder in unzähligen profanen Liebesromanen und Filmen dargestellt und doch scheint es immer noch sehr schwierig zu sein, der Liebe dauergründend in sich eine Wohnung zu bereiten.

Wo fängt die Liebe an und wo hört sie auf?

Heute wird viel über die Selbstliebe gesprochen. Kann man sich nicht selbst lieben, wird man auch andere schlecht lieben können, so wird gerne gesagt. Da wird dann das: „Liebe deinen Nächsten wie dich selbst" herangezogen und man versucht nun des öfteren, sich selbst alles Gute zu gönnen und meint damit, sich besser lieben zu können.

Doch die Liebe ist niemals nur auf eine Sache oder auf ein Wesen beschränkt, denn ein Signum der Liebe besteht gerade darin, dass sie verbindet, dass sie eine Verbindung schafft, auch zum Äußeren, zum Anderen, zum Du.

Neuerdings wird auch gerne davon gesprochen, dass wir vom Ich, also von sich selbst weg und dann wieder vermehrt zu einem Wir kommen müssen, jedoch so meine ich, dass dieses Wir nur über eine ehrliche Verbindung zu einem Du erfolgen kann. Denn auch ein Wir kann noch einen enormen Gruppen-Egoismus beinhalten, so dass auch dies noch nicht ausreicht und wir schließlich zu einem großen „Uns" kommen sollten, zum Beispiel in dem wir sprechen: unsere Verantwortung, unsere Erde, unsere Aufgabe, unsere Liebe für ... und noch vieles mehr.

Doch dieses „Uns", dieses gemeinsame Wir-Gefühl für etwas Großes, Wahres und Gutes, das die einzelnen Teile des Wir in einem guten Geist und Sinne miteinander verbinden kann, ist zunächst nur über ein Du zu erfahren, mit dem wir eine Gemeinsamkeit und eine innere Verbundenheit erleben können. Im „Vater unser" zum Beispiel, sind alle Betenden miteinander verbunden, obwohl hier jeder Betende eine persönliche Zuneigung und Liebe zu diesem „Vater", zu diesem „Du" empfinden mag. Erleben wir das Du, auch das des Mitmenschen, in seinem inneren Wesen, so können wir bemerken, dass dieses nicht begrenzt ist auf die jeweilige Person, denn in diesem Du schwingt letztlich eine noch viel größere Welt mit, denn kein Mensch lebt nur für sich allein. Wir sind nämlich als Einzelwesen auch immer noch geprägt vom großen Ganzen, von der großen Welt, ja, auch von der göttlichen Welt, die schließlich unseren innersten Kern ausmacht. Da erst findet sich der Einzelne im großen Du, im „Uns".

Wo ist nun dieses „Du" in der Selbstliebe, also in mir selbst zu finden? Soll ich meinen Körper lieben, meinen Charakter, wo es vielleicht Teile und Eigenschaften gibt, die mir gar nicht gefallen? Gewiss, es ist gut auch die eigenen Mängel anzunehmen. Diese zu lieben ist aber gar nicht so leicht und vielleicht auch nicht ganz ehrlich. Folglich ist es mit der Selbstliebe nicht so einfach bestellt. Jedoch, die Nächstenliebe kann natürlich auch sehr eigennützig ausgelebt werden, zum Beispiel, in dem man andere für eigene Zwecke benutzt, etwa in einem Helfersyndrom, wodurch man sich allzu gern nur selbst erhöhen will. Auf der anderen Seite kann eine ehrliche Nächstenliebe auch die Liebe zu sich selbst fördern, denn durch die liebevolle Zuwendung zum Nächsten bekomme ich auch bessere Gefühle zu mir selbst, denn auch hier gilt das hermetische Gesetz: wie Innen, so auch Außen oder entsprechend: wie Oben, so auch Unten.

Und dementsprechend verhält es sich auch mit der Gottesliebe. Denn auch diese kann eitel machen; man dünkt sich Gott näher und fühlt sich dadurch recht leicht erhaben über die übrige Welt. Entscheidend wird hier also sein, unsere begrenzte Liebefähigkeit zu erkennen und diese zunächst einmal anzunehmen. Wenn wir ehrlich sind, müssen wir uns sogar eingestehen, dass unsere Liebefähigkeit dem Göttlichen, wie auch dem Nächsten und sich selbst gegenüber meistens nicht sehr weit gediehen ist. Und trotzdem dürfen wir auf dieser Fähigkeit aufbauen. Entscheidend wird dabei sein, in welcher Reihenfolge wir die Liebe zum Wachsen bringen wollen. Wie viel Liebe geben wir uns selbst, wie viel dem Nächsten und wie viel Gott?

Schon da gehen die Meinungen weit auseinander. Mystiker heben natürlich die Gottesliebe an die erste Stelle. Atheisten wahrscheinlich die Selbstliebe und soziale Menschen die Nächstenliebe.

Doch woher kommt die Liebe, wo nehmen wir sie her, damit wir sie in uns vermehren können?

Haben wir eine Sympathie und ein Interesse für eine Sache oder für einen Menschen, so fällt es relativ leicht, diese zu lieben. Also sollten wir das Interesse schulen, denn dieses ist tatsächlich eine Wurzel für die Liebe. Des Weiteren brauchen wir viel Geduld und Ausdauer, denn etwas Lebendiges muss behutsam wachsen und reifen können. Zudem brauchen wir auch viel Verständnis, Toleranz und eine Zuneigung, damit die Liebe wachsen kann. Und wir brauchen eine Wahrnehmung den Dingen und Wesen gegenüber, so wie sie wirklich sind, denn zu oft schauen wir auf diese durch unsere persönlich gefärbten „Brillen", also durch unsere aus der Vergangenheit geprägten Persönlichkeitsanteile. Deshalb sagen auch einige „Esoteriker", dass die Liebe nur im Hier und Jetzt gedeihen kann.

Schauen wir zum Beispiel kleine Babys und Kinder an, wie diese mit einem Lächeln und einer vorurteilsfreien Hingabe und bedingungslosen Liebe ihre Eltern verzaubern können, in dem sie ihnen einfach viel Freude und Herzlichkeit entgegen-strahlen, so wird darin sichtbar, dass diese kleinen Wesen eine reine und lichtvolle Liebessubstanz mit auf die Erde bringen.

Die Liebe tritt mit den neugeborenen Kindern in die irdische Zeit ein. Diese Liebefähigkeit der Kinder sollten wir auch später nicht vergessen. „So ihr nicht werdet wie die Kinder, bleibt das Himmelreich verschlossen". Unvoreingenommenheit, Vorurteilsfreiheit, Bedingungslosigkeit, Präsenz, Reinheit, Selbstlosigkeit, Hingabe und Freude fördern folglich die Fähigkeit zur Liebe. Doch mit dem Eintreten in die biographische Erdenzeit geschahen in der Vergangenheit eben auch zahlreiche Ereignisse und Prägungen, die uns vorsichtiger, misstrauischer, verurteilender und ablehnender werden ließen. Durch Erziehung und Umwelt verloren wir unser reines und kindliches Gemüt. Die Vergangenheit hat uns zu dem gemacht, der wir nun einmal geworden sind. Diese müssen wir jedoch akzeptieren lernen, da wir sie ohnehin nicht mehr ändern können. Über die Zukunft möchten wir ja alle gerne mitbestimmen, vor allem, in dem wir versuchen, unsere Wünsche und Neigungen umzusetzen. Ob wir dies auch schaffen, ist jedoch nicht immer nur von uns selbst, also von unserem persönlichen Willen abhängig.

Doch ohne einen Entschluss, sich bestimmte Fähigkeiten aneignen zu wollen, wie eben zum Beispiel das Lieben zu erlernen, bleiben Wünsche meistens im Gefühlsbereich stecken. Ein Entschluss ist kein Wunsch, also kein bloßes Gefühl mehr, sondern die höchste Form des menschlichen Wollens. Der Entschluss zur und für die Liebe kann jedoch nur umgesetzt werden, wenn wir zu diesem Entschluss auch eine Treue und Beständigkeit dazugeben. Eine Liebe kann also nur Wachsen und Gedeihen, wenn wir treu, ausdauernd und geduldig sind.

Vom gefühlten Wunsch zum Wollen und vom Wollen zum Entschluss führt folglich ein Weg in die Zukunft hinein. Die Ausrichtung, wo unsere Bestrebungen zukünftig hinführen sollen, kann jedoch nur in der Gegenwart erfolgen. Im Hier und im Jetzt ist immer wieder eine Neuausrichtung möglich. Egal wie schlimm oder wie wenig uns die Vergangenheit förderte, wir können im Hier und Jetzt, also im Heute, in der Gegenwart ganz neue Impulse und Ausrichtungen veranlagen.

Doch was will ich überhaupt im Leben erreichen? Was soll mein Handeln bewegen? Bekommen wir die neuen Impulse dafür aus der Erkenntnis, aus dem Verstand oder aus einem Bauchgefühl, aus sogenannten Ahnungen und Intuitionen oder aus dem Innersten des Menschen, aus dem Herzen heraus?

Der Kopf überlegt nach sachlichen Kriterien, der Bauch zeigt die Neigungen des Unterbewussten und das Herz, es wählt die Liebe. Was also will die Liebe, was will mein Herz?

Zahlreiche Herzkrankheiten in unserer Zeit weisen darauf hin, dass wir immer weniger auf unser Herz hören. Zu sehr sind Sachzwänge oder leibliche Begehrungen die Triebfedern unseres Handelns geworden. Letztlich zeigt sich darin ein mangelnder Sonnen-Impuls, denn das Herz entspricht im Menschen der Sonne und damit dem Kern, dem Ich-Impuls im Menschen.

Das Ich hat nun drei Möglichkeiten, sich im Menschen zu offenbaren. Erstens als niederes Ich, als Leib-Seele-Ich, als sogenanntes Ego, das sich im Eigenwillen und in der Eigenliebe ausleben will. Zweitens im Sonnen-Ich, im „Ich bin", das sich selbst erkennt, annimmt und sich damit selbst ein Sein schenkt, unabhängig von körperlichen und seelischen Bedrängungen, aber auch unabhängig von sittlich-moralischen Gesetzen aus der Umwelt. In diesem selbstgesetzten Sonnen-Ich hat der Mensch erst die Freiheitsmöglichkeit einer eigenen Entscheidung. Erst wenn wir also eine Instanz in uns finden, die über den irdischen und alltäglichen Begebenheiten zu stehen vermag, kann diese Instanz, kann dieses „Ich bin" ordnend und führend in das Leben eingreifen. Die Sonne weist in ihrem Symbol ☉ darauf hin, dass sie Umkreis und Zentrum in einem ist. So wird folglich erst das Sonnen-Ich wirklich fähig zu einer Nächstenliebe, wenn es über sich, über den Punkt, über das eigene Ich-Zentrum hinausgeht, in die Weite, in den Umkreis, in die Welt.

Eine dritte Ebene des Ichs zeigt sich erst, wenn  sich der Mensch in Freiheit dafür entscheidet, dieses dritte Ich, das sogenannte höhere Ich anstreben zu wollen. Das höhere Ich entsteht nämlich erst in der Verbindung von Sonnen-Ich, dem „Ich bin", das sich dem Gottes-Ich in sich hingeben gelernt hat, das sich also mit dem Gottes-Ich, mit dem göttlichen Funken in sich verbunden weiß.

Die Substanz beziehungsweise der Inhalt des göttlichen Selbst und damit des Gottesfunken im Menschen ist Liebe. Lieben wir dieses Selbst, verbinden wir uns ichhaft mit diesem Selbst, so erwacht in uns das hohe, das höhere Ich. Hier, in diesem höheren Ich kommt schließlich die Menschenliebe und die Gottesliebe zusammen.

Sicher, wir können natürlich auch versuchen, Gott seelisch, das heißt gefühlsmäßig zu lieben. Doch diese Fähigkeit entschwand in unserer Zeit mehr und mehr, vor allem seit der Aufklärung mit einem Zuwachs an kritischer Vernunft und der naturwissenschaftlichen Welterklärung, eben durch eine zunehmende intellektuelle und kopfbetonte Menschheitsentwicklung, so auch eine alte Frömmigkeit und ein religiöser Glaube, wie dieser zum Beispiel im Mittelalter die meisten Seelen noch durchwirkte. Diese einfache Seelen-Inbrunst ist heute nicht mehr wirklich gegeben. Deshalb müssen wir uns ichhaft für den Weg der Liebe entscheiden, denn nur vom Ich aus, das sich mit dem Gewissen und damit mit dem höheren Ich verbunden hat, können wir herausfinden, ob wir wirklich ehrlich sind oder nur in falschen, aufgesetzten und egoistischen Gefühlen schwelgen wollen.

Wer den Bruder, die Schwester, wer die Mitmenschen liebt, kann sich darin ja recht leicht nur selber lieben, in dem er nämlich seine Wünsche und Begehrungen auf den anderen hinprojiziert. Erfüllt dieser meine Wünsche nicht, so kann es manchmal sehr leicht vorbei sein mit der Liebe. Eine übergroße Selbstliebe, ein Egoismus und Narzissmus, benutzt sehr oft den Anderen für eigene Interessen und Begehrungen. Daher sollte die Selbstliebe auch beschränkt bleiben, nicht zu stark werden. Der Nächste ist wichtiger, zumindest genauso wichtig wie man selbst!

Werden wir fähig, dem Nächsten die „Füße zu waschen", das heißt, ihn ganz anzunehmen, mit allen Schwächen und Mängeln, so erwächst daraus eine Liebe, die bis zur Feindesliebe gesteigert werden kann. Die Nächstenliebe bleibt eben nicht im Punkt, im Zentrum, bei sich selbst stehen; sie weitet sich in den Umkreis. Sie wird aber erst richtig und in einer gesunden Weise möglich, wenn wir auch das Göttliche, den Gottesfunken, der in jedem Menschen verborgen ist, lieben lernen.

Die Sonne beleuchtet und erwärmt alle Menschen, ob gut oder

böse. Die Gottesliebe, die im Menschenherzen, die darin im innersten Punkt keimt und wohnt, sie sieht auch die innere Sonne im Herzen des „Du". Sie wird eins mit ihr, da alle Sonnen-Liebeskraft in jedem Menschenherzen verborgen ist und damit dort auch gefunden werden kann. Lieben wir aus dieser innersten Kraftquelle heraus, die in uns ist und lieben wir diesen inneren Liebes-Impuls, der auch im Anderen ist, wird eine Verbindung entstehen, die Brücken schlagen kann über alle Abgründe und Streitigkeiten des alltäglichen Seins. In dieser Liebe kommen schließlich die Selbstliebe, die Nächstenliebe und die Gottesliebe zusammen. Diese Liebe kann alles in sich und außer sich annehmen, weil sie über den Dingen, über den Abgründen, über den Verwerfungen und Feindschaften steht, eben weil sie göttlicher Natur ist, doch im Menschen als sogenannte Agape, als geistige Liebe eine Wirklichkeit beziehungsweise da auch errungen werden kann.

In Christus ist die Menschenliebe, die Gottesliebe und die Selbstliebe in einem höheren Sinne und in vollkommener Weise auf der Erde eine Wirklichkeit geworden. Christus liebt dabei aber nicht sein „Ego" als Mensch, sein niederes Ich, sondern seinen Auftrag, seine Aufgabe, die er angenommen hat, um der Menschheit dienen zu können. Diese Christusliebe ist somit nicht mehr nur in einem fernen Himmel zu finden. Sie trägt zwar das ganze Weltenall, alle Sterne und Planeten, alle Kreatur und auch uns Menschen. Dieser Liebe entgegen zu streben ist unser aller Ziel. Wir können dieses Ziel erreichen, da Christus eben auch Mensch geworden ist und er seinen Geist in uns hineingelegt hat, in unser Herz, von wo aus wir uns selbst, unseren Nächsten und Gott lieben dürfen.

Der Weg bis zu einer solch großen Liebe hin, ist für viele heutige Menschen natürlich noch sehr weit weg, denn zu stark sind wir heute noch im Persönlichen verhaftet, in einer Egozentrik und im Eigenwillen. Bis zu dieser Christusliebe wirklich hinreichen zu können, da gibt es auf diesem Wege ja zahlreiche Meinungen, Strömungen und Richtungen, die erklären und anleiten wollen, wie man am besten fähig wird, wahrhaft lieben zu lernen. Daher will ich im Folgenden auf einige grundsätzliche Äußerungen und Fragen eingehen, die sich mit dem Thema Liebe befassen.

Was ist Liebe und wie können wir sie steigern, wie können wir liebender werden?

In manchen psychologisch-esoterischen Strömungen wird des Öfteren proklamiert, dass die Liebe nur im Hier und Jetzt leben und gedeihen kann. Die Schulung der Präsenz, der Achtsamkeit und das Wahrnehmen der Gefühle ist dabei das Entscheidende.

Doch ist die Liebe nur ein Gefühl? Sicherlich, wir können die Liebe fühlen, wir können sie aber auch wahrnehmen, wollen und denken. Die Liebe umfasst somit den ganzen Menschen nach Körper, Seele und Geist, sie steht demnach auch über dem Seelischen und Gefühlsmäßigen, ansonsten gäbe es ja auch keine geistige Liebe, keine Agape. Die Liebe ist nämlich eine eigene, eine geistige Kraft, so wie entsprechend die Glaubens- und die Hoffnungskräfte es auch sind und die letztlich gemeinsam aus den göttlichen Reichen der Himmel entspringen. Sie strömen vom Himmel aus, durchstrahlen die geistigen Welten und stoßen bei ihrem Abstieg in die seelischen und leiblichen Gefilde auf zahlreiche Widerstände aus Zweifeln, Misstrauen, Enttäuschungen, Ängsten, auf seelische Kälte und Verhärtungen und so weiter, die oftmals so stark blockieren, dass von diesen Himmelskräften in ihrer ursprünglichen Reinheit nicht mehr viel übrig bleibt.

Daher finden sich auch im Irdischen so viele unterschiedliche Facetten der Liebe. Nehmen wir als Beispiel nur einmal die Liebe zwischen Paaren. Am Anfang ist sie lichthaft, leicht und berauschend in einem schmetterlingshaften Verliebtsein. Mit der Zeit erlebt sie jedoch viele Herausforderungen und Tiefen und wenn sie nicht vollends im alltäglichen Kleinkram erlischt, kann sie nach jedem durchlebten und durchlittenen Tal erneut und manchmal sogar noch verstärkt hervortreten. Und wenn man manche ältere Paare beobachtet, so hat sich ihre anfängliche Liebe sehr stark gewandelt. Sie wurde wärmer, reifer, vertrauter, gediegener und schwerer, aber auch verlässlicher.

Und so durchtönt die Himmelskraft der Liebe alle Bereiche des Seins, als die Eltern - Kindliebe, als die Freundesliebe, als die Liebe zur Natur, zum Nächsten, zu den Hilfsbedürftigen und zu den geistigen Hierarchien bis sie schließlich wieder in ihrem Ursprung, bei und in Gott ankommen kann.

Ja, auch die Liebe zu sich selbst, die persönliche Liebe ändert sich im Laufe des biographischen Lebens. Zu Beginn bringen kleine Kinder eine bedingungslose Liebe ihren Eltern gegenüber mit. Später müssen sie sich aus dieser vereinnahmenden Bindung lösen, um selbstständig werden zu können. Da scheint alles sich ins Gegenteil, in Ablehnung und Verneinung verkehren zu wollen. Hier werden dann die Freunde und die ersten geschlechtlichen Liebesbeziehungen wichtiger. Man will lieben und geliebt werden. Diese Liebe beruht noch auf einer Wechselseitigkeit, also einem Geben und einem Nehmen.

Kommen später zahlreiche Alltagsverpflichtungen hinzu, muss sich die Liebefähigkeit erst richtig beweisen, das heißt, sie muss bewusst gewollt und ausgebildet werden. Und dies in der Liebe zu sich selbst, zu seiner individuellen Aufgabe und natürlich zu den Mitmenschen, die uns biographisch zugestellt sind. Oftmals sind dies aber nicht immer nur die wohlwollenden Freunde. Gerade in Momenten und Begebenheiten, die in uns Ärger, Zorn, Wut und Enttäuschung hervorrufen, ist die Liebefähigkeit ganz besonders geprüft. Somit können wir hier sogar behaupten, dass sich die menschliche Liebe immer auch an Widerständen beweisen, bewähren und ausbilden muss.

Daher ist das „Liebe deine Feinde" eine so große Aufgabe, die heute nur recht Wenige im Leben vollbringen können. Doch darin lebt ein Zukunftsimpuls, dem wir uns allmählich immer stärker, besser und vor allem bewusst gewollt und entschlossen annähern dürfen, ganz besonders, wenn wir bereit werden, auch das Dunkle in uns anzunehmen und dieses durchlichten und durchlieben zu wollen. Der Nächste, der Nachbar, der Arbeitskollege und viele andere, sie zeigen uns in schwierigen Begegnungen im Endeffekt auch immer die eigenen dunklen Seiten, die wir oftmals bei uns selbst ablehnen oder nicht sehen wollen und diese daher von „Außen" auf uns zukommen müssen. Nehmen wir die zwischenmenschlichen „Störungen" jedoch als Aufforderungen an, uns selbst besser kennen zu lernen, auch die negativen und ablehnenden Seiten in uns und versuchen wir, diese anzunehmen und in

Liebe zu wandeln, zu veredeln und zu erlösen, so wird erst eine wirkliche Selbstliebe möglich sein.

Nur die guten Seiten in uns und in der Welt sehen und anstreben zu wollen, genügt auf dem Weg der Reifung der Liebe noch nicht. Die Liebe ist eine Himmelskraft, die sich in unserem Kosmos in der Sonne manifestiert hat und die sich darin als ein äußeres Symbol und Leben zeigt. Die Sonne scheint für alle und alles. Und so wie das Sonnenmetall, das Gold, sich mit allen Stoffen verbinden kann, ohne selbst seine Eigenschaft und seine Reinheit verlieren zu müssen, so ist es auch mit der Liebe. Sie kann sich mit dem Abgründigsten verbinden, ohne von diesem wirklich vereinnahmt und befleckt zu werden. Daher kann den Liebenden auch alles verziehen werden, so wie dies bei der Sünderin in den Evangelien geschah, die eben viel liebte, jedoch auch in manchen verirrten Weisen.

„Gott ist die Liebe und wer in der Liebe bleibt, der bleibt in Gott und Gott in ihm". Die menschliche Liebe und die geistig-göttliche Liebe, sie entströmen einem gemeinsamen Ursprung. Die Liebe kommt von Gott, auch wenn sie manchmal sehr selbstsüchtig und einseitig gehandhabt und in „Tiefen" herabgezogen wird, die ihr kaum mehr entsprechen. Da sie aber immer mit Gott verbunden bleibt, wird sie die Wege zu ihrem Ursprung wiederfinden können.

Wie beim Parzival, der durch das Loslassen der Zügel seines Pferdes wieder die Gralsburg fand, so findet die Liebe, wenn wir ihr uneigennützig, kindlich und in reiner Weise folgen wollen, wieder zurück zu Gott. Die Liebe führt uns somit am sichersten in eine gute und weisheitsvolle Zukunft hinein, ja, sie lebt nicht nur im Hier und Jetzt, denn sie kommt uns auch immer aus der Zukunft entgegen, wenn wir unsere Herzenstüren für sie öffnen, wenn wir also unsere menschliche Liebefähigkeit, auch wenn sie noch so gering sein mag, der göttlichen Liebe entgegenstrecken.

Im Herzen ist der Ort, wo alle Liebe sich vereinen und verschmelzen will. Hier wird das Ich zum Du und das Du zum Ich, hier wird Ich und Welt, wird Mensch und Gott miteinander verbunden und vermählt.

# Sein und Werden – von der Initiation

„Was die Pflanze uns lehrt im Äußeren, sei Du oh Mensch im Innern ..."

Die Pflanze ist. Sie ruht in sich, sie entsteht und vergeht und sieh dir die Lilie auf dem Felde an: sie fragt nicht warum und nicht für wen - sie ist.

So gibt es auch einige spirituelle Lehrer, die Präsenz, die also ein bewusstes Da-sein für ein Leben im Hier und Jetzt als die zentrale und wichtigste spirituelle Disziplin erwähnen, um zu einem Erwachen und damit zu einer Erleuchtung hingelangen zu können. Doch auch diese Fähigkeit will erlernt sein.

Die Pflanze, wie natürlich auch das Mineral, sie haben dieses Dasein, dieses Ruhen naturgegeben in sich. So sagte Friedrich Schiller sinngemäß: Was die Pflanze ist, sei Du wollend ...

Betrachten wir aber den Willen etwas genauer, so stellen wir fest, dass der Wille bei Tier und Mensch, bei der Pflanze können wir noch nicht von einem Eigenwillen sprechen, immer auf die Zukunft hin ausgerichtet ist beziehungsweise kommt er uns sogar aus der Zukunft entgegen, wenn wir seinen Intentionen lauschen lernen, ihn also erahnen können.

So gibt es im Menschen natürlicherweise ein Sein, das uns wie bei der Pflanze als Leben, als Wachstum und als Vitalität naturhaft mitgegeben ist. In diesem Sein bliebe der Mensch jedoch eine Pflanze, pflanzenhaft, vegetativ, das heißt, in einem dumpfen, schlafenden Bewusstsein. Natürlich ruht auch der Stein, das Mineral in sich und zwar in einem noch tieferem Bewusstsein. So muss zu diesem natürlichen Sein noch etwas beim Menschen hinzukommen, damit ein Selbstbewusstsein beziehungsweise ein waches Gegenstandsbewusstsein entstehen kann. Das bloße Sein muss sich zu einem bewussten Sein wandeln können.

Durch das Einzigartige, durch das Individuelle, durch den Kern seiner Persönlichkeit, hat es der Mensch selbst in der Hand, seine Zukunft, sein Werden zu ergreifen und dieses mit zu bestimmen. Dieses Werden wird zunächst, wie im Tierreich auch, gelenkt von der Trieb- und Wunschnatur. Hier unterliegen wir jedoch so manchen Illusionen, aber auch vielfältigen Entfaltungsmöglichkeiten. Das Seelische unterliegt folglich dem Werdeprinzip, so wie das Stofflich-Leibliche einem reinen Sein, dem Gewordenen entspricht. Das Pflanzenhafte, wie alles Lebendige, unterliegt natürlich auch einem Werden, nämlich dem Wachsen und Welken, dieses ist aber naturhaft vorgegeben. Eine geistige Ebene bildet sich im Menschen vor allem durch die bewusste Wahrnehmung des leiblichen Seins, also des natürlichen Seins, wie auch unserer Wunschnatur und damit innerhalb des seelischen Werdens in der biographischen Entwicklung aus. Dadurch entsteht im Menschen allmählich ein bewusstes Sein, das nun aber nicht im Leiblichen oder im Seelischen stecken bleiben soll. Das Bewusstsein kann erweitert werden. Es kann hinabtauchen in die eigenen Seelengründe und da versuchen, so viel als möglich vom eigenen und vom kollektiven Unterbewussten durch Wahrnehmung und Erkenntnis in ein bewussteres Sein umzuwandeln. Dies ist für uns heutige Menschen zunächst eine therapeutische Aufgabe, weil viel Hemmendes und Abgründiges dabei ans Licht kommen kann.

Manche spirituelle Lehrer warnen sogar vor diesem Innenweg, also vor diesem Abtauchen in die tiefen Seelengründe, da dies ohne fachmännische Begleitung nicht ungefährlich ist und in früheren Mysterienstätten nur unter der Obhut eines geistigen Führers oder Gottes stattgefunden hat. Heute ist dieser Weg eigentlich nur für sehr religiös gestimmte Seelen anzuraten, die sich dem Christus als ihren inneren Seelenführer und Schützer anvertrauen können. Selbst Christus musste vor seiner Auferstehung den Tod und die anschließende Höllenfahrt durchleiden.

Der christliche Einweihungsweg zeigt daher innere Stufen, von der Fußwaschung bis zur Auferstehung, die der Mystiker zu durchschreiten hat und die ihn schließlich mit seinem inneren Quell, mit dem göttlichen Funken in sich vermählen. Der mystische Weg hat als Ziel das Eingehen in Gott. Die Stufen dafür sind: die Reinigung und die Läuterung, die Erleuchtung und die Gotteinigung. Dabei muss der Mystiker geduldig warten können, bis Gott seine inneren Seelenaugen öffnet. Er strebt also nicht von sich aus eine Hellsicht oder okkulte Kräfte an. Alles beruht auf dem Gnadenwirken Gottes. Gott ändert den Menschen auf diesem Wege von innen her, der Mensch gibt sich dabei Gott ganz hin. Der klare, erkenntnismäßig orientierte und gnostisch ausgerichtete Weg sucht dagegen in der Schöpfung, in der Natur, in Kristallen, in Pflanzen, in den Elementen, in Planeten und in den Sternenwelten den lebendigen und schaffenden Schöpfergeist. Der Geistesschüler versucht auf diesem Weg, zu den wirkenden Kräften der Welt, zu den Logoskräften vorzudringen. In den Pflanzen offenbaren sich letztlich Sternenkräfte, in den Edelsteinen die höchsten Geistesmächte und in den Sternenwelten Götterwesen.

Im weiten Kosmos und auch in der Natur zeigt sich ebenfalls ein Sein und Werden. Die Sterne offenbaren zunächst das unergründliche Sein, die Planeten wandeln und bringen dadurch Veränderungen und ein seelisches Wachstum hervor. Durch eine lauschende, innere Stille, durch ein Staunen können und durch eine Ehrfurcht diesen Welten gegenüber, in Liebe und in seelischer Opferbereitschaft dargebracht, können geistige Wesen, die in der Natur und im Kosmos wirken, sich uns offenbaren. Sie „sprechen" aus den Elementen und durch die Elemente in unsere Seele hinein, die nicht mehr nur im subjektiven Innen, im Leibe ist, sondern die sich weitet in die Natur und in den Kosmos hinaus und dadurch durchlässig wird für kosmisches Sein. Dies ist eben die Einführung, die Initiation.

Dabei geht es zunächst darum, dass der Schüler sich nach einem ausführlichem Studium der seelischen und der geistigen Welten sich allmählich eine Feinfühligkeit und Hellsicht, also eine imaginative Erkenntnis erwirbt. Jedoch, geistig-seelische Bilder und Visionen können immer noch manchen Täuschungen und Illusionen unterliegen, so dass es ratsam ist, durch eine inspirative und intuitive Erkenntnisart mit den geistigen Welten in einer innerseelischen Berührung und Vereinigung zusammen zu klingen, weil dadurch am ehesten Täuschungen vermieden werden können.

Dieser okkulte Schulungsweg, der sogenannte rosenkreuzerische Einweihungsweg, ist heute notwendig, wenn das Göttliche nicht nur in einem erhabenen, aber unbestimmten Gefühl erlebt werden soll. Eine Ausbildung der geistigen Sinne und damit der erweiterten Bewusstseins- und Erkenntnismöglichkeiten, erfordert jedoch eine Änderung so mancher Lebensgewohnheiten, sowie eine Schulung bestimmter Seelenfähigkeiten und zwar aus sich selbst heraus, aus eigener Einsicht und in einem freiem Willen.

Initiation heißt Einführung, Einweihung, heißt etwas Anfangen, heißt Neuwerden – neue Welten tun sich auf. Doch dieser Weg ist ohne eine Schulung, ohne einen Läuterungsprozess, zum Beispiel der Arbeit an den Doppelgängerkräften, nicht zu bewältigen. Eine alchymistische Veredelung der Seelenkräfte ist auch hier eine Bedingung, so dass dieses Unterfangen einen Stufenweg beinhaltet, wie dieser zum Beispiel in der chymischen Hochzeit des Christian Rosenkreuz in allegorischen Bildern beschrieben ist.

Beide Wege, der mystische wie auch der rosenkreuzerische, sind möglich und können individuell gewählt und ergriffen werden, wenn man sich dafür entschieden hat. Daneben gibt es die orientalischen, die östlichen Einweihungswege, die zumeist nur unter der strengen Führung eines Lehrers oder Gurus zu bewerkstelligen sind, die jedoch die Freiheitssphäre eines Westmenschen erheblich einschränken können.

Ein zeitgemäßer spiritueller Einweihungs- und Entwicklungsweg muss die persönliche Freiheit des Einzelnen über alles schätzen; denn der freie Wille ist das höchste Gut des Menschen, den achten auch die Götter.

Somit können wir wählen zwischen dem Weg, der das Göttliche in der Schöpfung, der die Schöpfer-Wesen im Durchgang durch die Sphären der Äther-, der Astral- und der Geisterreiche wahrnehmen lernt und dem Weg der Kontemplation, dem Eingehen, dem Einfühlen und dem sich Vereinigen mit den Himmelreichen. Der direkte, der mystische Weg zu Gott, die sogenannte Unio mystica und der Weg durch die Schöpfung, zur chymischen Hochzeit hin, sie können im großen Mysterium Conjunctionis miteinander verbunden werden.

Beim Mysterium von Golgatha ging es hauptsächlich um die Annahme und Heilung des gefallenen Menschenwesens. Bei der Wiederkunft Christi, die schon begonnen hat im ätherischen Sein, also in der Lebenssphäre der Erde, geht es um die Wandlung und Heilung der Natur mit allen Elementen, Wesen und Kreaturen. Hier wird es nun verständlich, warum sich der Weg nach Innen unbedingt auch mit dem Weg nach Außen verbinden soll. So soll es heute nicht mehr nur um eine persönliche Erleuchtung und Erfüllung gehen, also um die mystische Hochzeit, denn der Mensch trägt auch eine Mitverantwortung für die Erde und für die gesamte Schöpfung. Die Wandlung, die Transformation, die Alchymie der Erde selbst ist nämlich unsere große Mission.

Der wiedergekommene Christus schreitet hier voran und er sendet seine Impulse in Form von Gewissenskräften, zum Beispiel den Tieren, den Armen, den Kranken und den Schwachen, sowie der ganzen Erde gegenüber und einer allmählich beginnenden Karmaschau, das heißt, dass wir mehr und mehr erleben werden, wie unser Tun und Handeln Auswirkungen hat auf das zukünftige Sein und Werden der ganzen Welt. Schließlich werden daraus einmal Heilungskräfte entspringen. Der Heiland, er ist da. Er wirkt selbst aus der Natur heraus, aus Steinen, Pflanzen, Sternen und Planeten. Wir können ihn erleben, wenn wir feinfühlig und empfindsam werden für die lebendigen Naturprozesse in und um uns herum und wenn wir versuchen, darin die wirkenden Mächte und Wesen zu erleben und zu erkennen.

Schließlich dürfen wir auch noch feststellen, dass mit dieser Wiederkunft Christi auch eine neue Art der Einweihung vonstatten gehen kann, nämlich die der Lebenseinweihung, wie sie zuerst bei Paulus im sogenannten Damaskus-Erlebnis sichtbar wurde.

Christus erscheint seit geraumer Zeit immer mehr Menschen ganz persönlich, zumeist in schwierigen Lebenssituationen, in Krisen, in Krankheiten, in Schicksalsschlägen, in Nahtodeserlebnissen und in Unfällen und zwar als Tröster und Rater, wo vorher oftmals weder eine mystische noch eine geistige Schulung stattgefunden hat. Diese Begegnung wird meistens als eine reine Gnadenwirkung empfunden. Aber auch hier ist man anschließend verwandelt, wie neugeboren.

In den Gralsmysterien geht es um die Verwandlung der Materie, des Stoffes bis hin zum „Himmelsblut" im Menschen und es geht damit natürlich auch um die Verwandlung und Erneuerung der menschlichen Seele. Die Gralsmysterien sind Christusmysterien. In ihnen spielen die Elemente Erde, Feuer, Wasser und Luft eine zentrale Rolle, jedoch zuvorderst das Mysterium des menschlich-göttlichen Blutes.

Blut ist innen, in unserem Leib, da unser Ich und unsere Seele das Leibliche wie von außen wahrnehmen kann und es ist außen, als Stoff, als Element, in das sich das seelisch-geistige Wesen des Menschen inkarniert, in dem das Ich einwohnend ist. Im Blut begegnet sich somit Leib, Seele und Geist, begegnet sich Leben, Liebe und Licht.

Die Christusmysterien beschreiben aber nicht nur das leiblich-irdische Blut. Ein himmlisches Blut durchdringt die ganze Schöpfung. Dieses Blut ist die sich opfernde, die sich verschenkende Liebe Christi. Wir dürfen von seinem Blute trinken - ewiglich, wenn wir in, mit und durch seine Liebe, durch sein Himmelsblut, das auch in uns fließen will, die Welt erlieben, alles Sein, daraus ein neues Werden entspringt.

Im menschlichen Leib spiegelt sich diese Polarität im venösen und im arteriellen Blut. Das arterielle Blut ist rein, das venöse Blut ist beladen und verbraucht. Können wir Menschen unser venöses, unser eigenes, vom Eigenwillen durchdrungenes Blutgeschehen so reinigen und wandeln, damit es sich mehr und mehr dem arte-riellen, dem sauerstoffreichen, dem reinen Himmelsblut anglei-chen kann, so ersteht auch in uns das rosenfarbene Blut, das beim Mysterium von Golgatha aus dem Leib Christi floss und in die Erde vergossen wurde.

Somit kann uns auch das Sakrament des Abendmahls, das Myste-rium von Brot und Wein, von Leib und Blut eine Hilfe und ein Se-gen sein, vor allem, wenn wir vielleicht nicht so sehr darauf aus sind, einen bestimmten geistigen Schulungsweg beschreiten zu wollen. Dadurch können auch die einfachen und frommen Seelen an dem großen Heilswerk teilnehmen, denn die christlichen Sakra-mente sind ein Gnadengeschenk für uns alle. Egal wo wir stehen, an jedem Punkt im Leben stehen für uns vielfältige Hilfen und geistige Kräfte bereit. Dafür dürfen und sollten wir dankbar sein.

# Gotteinigung

Auf dem Weg zu Gott, so habe ich den Titel für diese Schrift benannt. Und so hoffe ich auch, dass ich mit einigen Gedanken und Inhalten diesen Weg ein klein wenig beleuchten konnte und im Folgenden noch etwas erweitern kann.

Der Weg zu Gott ist weit und tief und breit, manchmal aber auch sehr eng, steinig, hart und schmal, so dass wir uns des Öfteren von den Mitmenschen ausgegrenzt, innerlich weit entfernt und einsam fühlen können. Ohne einen Gang durch manche innere „Wüsten", so wie dies von vielen Gottsuchern beschrieben werden, wird man Gott wohl nur selten finden können. Viele Gangarten, Sphären, Abgründe und Reiche sind auf diesem Wege zu durchschreiten, bis man allmählich seine Nähe und Kraft immer deutlicher und stärker spüren kann. Manchmal erscheint es einem aber so, als ob das Göttliche ganz weit weg ist, vor allem, wenn wir uns in den Niederungen des Irdischen verlieren. Und doch ist uns Gott auch da immer ganz nah, denn er hat ja seinen Geist in uns hineingelegt, nur sehen und erkennen wir diesen meistens nicht.

Könnten wir seine immense Kraft, die Kraft von Milliarden Sonnen, Sternen und unzähligen Welten, sein Licht und seine unvorstellbare Stärke überhaupt aushalten, wenn wir ihm direkt begegnen würden?

Schon kleine Momente einer Gottesbegegnung können die Seele aufrütteln und zu Kummer und Tränen hinführen, da das göttliche Licht auch immer unsere Schattenseiten und Verfehlungen beleuchtet und diese damit ins Erleben und ins Bewusstsein bringt.

Der Weg zu Gott ist daher nicht immer nur leicht und bequem, meistens ist das auch nur am Anfang so, wenn wir erste Impulse verspüren und dadurch noch ziemlich enthusiastisch sein können. Es wird mit der Zeit und mit erhöhtem Anstieg des Weges jedoch immer mehr von uns erwartet und abverlangt, denn das Leben ist letztlich voller Prüfungen, Aufarbeitungen und Hindernisse, die zu bewältigen sind, bis man wieder einen nächsten „Gipfel" erklimmen kann und da eine Weile die schöne Aussicht genießen darf, bevor es dann wieder in das nächste „Tal" abwärts geht. Stufe um Stufe, Sphäre um Sphäre geht es langsam, dafür aber sicher voran. Gott wird uns dabei immer nur so viel an Schwerem zukommen lassen, wie wir vertragen, brauchen und bewältigen können.

Schnelle Erleuchtungen und besonders erhabene religiöse Erlebnisse herbeiführen zu wollen, zum Beispiel durch eine Askese, durch Rausch und Ekstase, sind hier nicht anzuraten. Wie auch nicht durch irgendwelche dubiosen Hilfen und Eingaben mancher Medien, die zumeist einer luziferischen Geistigkeit entstammen und die letztlich die gottsuchenden Menschen von ihrer irdischen Aufgabe wegbringen wollen, vor allem durch eine weltverneinende und nur ins Himmlische ausgerichtete Spiritualität. Manche spirituellen Wege, die all zu schnelle Erlebnisse und Erleuchtungen versprechen, sind mitunter sehr gefährlich für die persönliche Entwicklung des heutigen Menschen, der sich zu einer gesunden, freien, urteilsfähigen und sich selbst bestimmenden Seele bekennen und hinentwickeln soll. Der ichbewusste und wache Geist im Menschen darf heute nur noch Wege beschreiten, die er überschauen und die er nachvollziehen kann.

Wie finden wir demnach einen gangbaren Weg zu Gott, da Gott zunächst außerhalb unserer Vorstellungen und unseres heutigen Gegenstandsbewusstseins existiert? Wo und wie ist das Göttliche für den heutigen Zeitgenossen in einer gesunden Weise zu finden? Können wir Gott durch Meditationen, durch religiöse Exerzitien und durch spirituelle Schulungen erfahren oder ist dies schon wieder etwas zu vermessen? Kann Gott überhaupt durch eine persönliche Willkür errungen werden?

Sicher nicht, denn sonst gäbe es natürlich schon sehr viele Menschen, die ihn wirklich gefunden und erfahren hätten. Was also bleibt dann noch übrig und was können wir tun, um seine Gegenwart auch erfahrbar machen zu können?

Nur einen Raum dürfen und sollen wir in uns schaffen, eine achtsame Leere kreieren und dann warten, sein, aber ohne irgendwelche Erlebnisse und Resultate zu erwarten. Raum schaffen und Zeit lassen, ganz da sein, bei sich sein und lauschen. Und dies immer wieder, ohne Zeitdruck und Begehren.

Raum schaffen: Der Seelenraum, er ist unendlich weit, nicht an den Raum unseres Körpers gebunden, so wie es zunächst den Anschein nimmt. Eine meditative Übung kann dies zu einer inneren Erfahrung werden lassen:

Mit jedem Strom des Ausatmens darf sich die Seele und das Bewusstsein weiten, ausströmen, größer und größer werden. Die Seele wird weit wie der Kosmos, schließt Sterne und Sphären ein, um allmählich den sichtbaren Raum ganz „verlassen" zu können. Und bei jedem Einatmen wird die Seele wieder klein, sie konzentriert sich auf einen Punkt, der keinen Raum mehr hat. Ein Punkt entsteht, wenn man vom Raum die Dimensionen der Höhe, Breite und Tiefe wegnimmt. Der Punkt ist eigentlich ein räumliches Nichts, ein Nadelöhr und damit ein Durchgang in die Raumlosigkeit. So kommt in einem meditativ erarbeiteten, seelisch-geistigen Atmungsprozess, bei dem das Ein- und Ausatmen miteinander verbunden wird, allmählich und mit fortdauernder Übung der Umkreis und die Mitte zusammen, eine Einheit entsteht.

Zeit lassen: Nicht an der Vergangenheit, an der Gegenwart oder an der Zukunft sollen wir mehr anhaften. Die „große Zeit" beinhaltet nämlich alle Zeiten, sie wird zum Raum, sie verlässt die lineare Bewegung der Zeit, denn sie schafft einen Raum, in dem alle Zeiten anwesend sind.

Im Irdischen leben wir ja immer in einer Polarität. Die Einheit ist darin nicht mehr vorstellbar, nur noch zu ahnen oder zu denken. Unendlich groß ist die Zeit im endlosen Raum. Doch die Ewigkeit ersteht erst im Loslassen der Zeit, wenn nämlich alle Dimensionen der zeitlichen Bewegungen und des Raumes wegfallen und wenn die Seele sich zum Punkt beziehungsweise zum Sternenlicht sich hinbewegt, das eben nicht mehr räumlich, sondern nur noch punktuell erstrahlt. Dieses Licht, das keinen Raum erfüllt, es ist der Durchgang in die Einheit, aus der alles Sein und Leben strömt. Eintauchen in die Ewigkeit, heißt eintauchen in den Punkt und in das Sternenlicht, heißt aber auch eintauchen in die Einheit von Raum, Zeit und Ewigkeit.

Im endlosen Raum und in der endlosen Zeit finden wir in der „Mitte" einen imaginativen „Ort", einen imaginären „Altar", der nicht mehr räumlich und zeitlich begrenzt ist. Gottes Sein ist ja zunächst außerhalb unserer Zeit- und Raumesvorstellungen. Und doch ist er überall, auch in seiner Schöpfung, also auch im Raum und in der Zeit und zwar als Werdekraft und er ist außerhalb davon als ursprüngliches Sein, als „Ort", als Quelle, von der alles ausgeht. Hier an diesem Quell-Ort, in diesem göttlichen Sein, vermählen sich schließlich Punkt und Umkreis und damit alle Polaritäten, wie das Ein- und Ausatmen, das aus dem göttlichen Wesensstrom entspringt.

Im Atem erkennen wir die ursprünglichste Äußerung des Polaritätsgesetzes im Rhythmus des Lebens. Das Eine, das Einatmen, geht nicht ohne das Andere, das Ausatmen, so auch in analoger Weise nicht die Mitte ohne den Umkreis.

Im indischen Yoga gibt es zum Beispiel eine Atemtechnik, bei der man lernt, das Ein- und Ausatmen so miteinander zu verschmelzen, damit eine „Einheit" entstehen kann. Man versucht dabei gleichzeitig ein- und auszuatmen. Normalerweise sind Gegensätze nur nacheinander möglich, nie gleichzeitig. Diese Methode des so trainierten Atmens ist in den westlichen Schulungswegen aber nicht anzuraten. Doch ein gedanklicher Yoga darf durchaus versuchen, im Sinne Goethes und seiner Erkenntnis der Polarität und der Steigerung, die Mitte, den Punkt mit dem Ganzen, mit dem weiten Umkreis in Einklang zu bringen.

Eine Einheit muss folglich beide Pole in sich integrieren können, sie darf diese nicht mehr als Gegensätze oder Einseitigkeiten betrachten, sondern als gleichwertige und gleichstarke Ergänzungen, die erst in einem Miteinander und Füreinander zu einer Ganzheit hingereichen können und dies in einer dritten, in einer höheren Ebene. Selbst ein Mephisto sprach ja in Goethes Faust. „Ich bin ein Teil von jener Kraft, die stets das Böse will und doch das Gute schafft". Also kann auch das Negative zum Ganzen, zu einem ganzheitlich Guten beitragen.

Der weite Kosmos, das riesige Sternenall und der zentrale Punkt, der Mittelpunkt, den es als Raum eigentlich gar nicht gibt, kann durchaus imaginativ zusammengedacht und so erlebt werden, dass dabei eine neue Ebene erscheint.

Aus der Integration und der Steigerung der Polaritäten bildet sich also etwas Neues. In der Mitte, im Punkt, in diesem „Nichts" innerhalb des großen, des unendlichen Raumes ersteht nämlich ein neuer, ein erhöhter „Raum", der nicht mehr lokalisierbar ist, der aber als innere Erfahrung, als inneres Bild einem Altar gleichkommen kann. In jedem Tempel, auch im inneren Tempel der menschlichen Seele gibt es einen „Altar", auf dem geopfert werden kann. Darauf können unsere allzu menschlichen Wünsche, Ziele und Begehrungen hingeopfert werden. An diesem imaginativen Ort, in dieser Imagination erwachsen nach und nach neue Möglichkeiten, zum Beispiel die einer übersinnlichen Schau. Denn wo ein Opfer geschieht, wo etwas Altes aufgegeben wird, kann erst etwas Neues entstehen. Neue Sichtweisen ergeben sich, die ein Größeres und Ganzes umfassen können.

Eine wirkliche Einheit bringt die Gegensätze, bringt die Polaritäten zusammen, also auch die Ewigkeit mit der Zeitlichkeit und mit dem Raum. In allem ist die Einheit immanent, im Raum, in der Zeit und in der Ewigkeit. Dahinein dürfen wir mit aller Kraft, mit aller Würde, mit aller Liebe, mit allem Licht und mit allem menschlichen Sein, das wir bereit sind zu geben, eintauchen, sich hingeben und dann geschehen lassen ...

Die äußere Sonne symbolisiert als ein Planet und als ein Stern diese Einheit, denn sie ist beides, sie ist Stern und sie ist Planet, da sie ein räumliches und ein punktuelles Licht in sich enthält. Die Sonne steht somit, symbolisch gesehen, auch für die Integration des Polaren. Daher ist es eben sehr förderlich, über die Sonne beziehungsweise ihrem Symbol aus Punkt und Umkreis zu meditieren. Die Sonne, sie lebt ja selbst im Rhythmus einer erhöhten und einer reduzierten Aktivität, zum Beispiel in den Sonnenflecken und im Sonnenwind beziehungsweise dann auch in den Ausstrahlungen von ihr, mit denen sie die ganze Welt durchdringt, erwärmt und am Leben erhält. Phasen der Stärke und der Reduktion wechseln sich dabei ab. Doch sie kann im Irdischen auch lebensfeindlich alles verdorren und verbrennen lassen, wenn sie vermehrt den starken, den heißen und aktiven Pol ergreift. Zum Feurigen der Sonne muss also das Wässrige, das Mondenhafte hinzukommen, damit eine gewisse Balance auf der Erde entstehen kann. Daraus wird ersichtlich, dass wir im Irdischen die gegensätzlichen Pole immer wieder ausgleichen und harmonieren sollen. Einseitigkeiten machen nämlich krank, zumindest auf Dauer gesehen.

Viele Menschen wünschen sich ja, vor allem in unseren Breitengraden, recht viel Sonnenschein. Doch wen wundert es dann noch, wenn die Sonnenkräfte immer stärker und gefährlicher werden?

Auch in unserem Denken und Wünschen sollten wir daher immer einen Ausgleich, eine Balance suchen. Und so hat die Sonne selbst einen Innenraum, auch da gibt es ein Außen und ein Innen, doch dieser Innenraum ist kein Raum im gewöhnlichen Sinne. Denn hier löst sich alles irdisch Fassbare und damit alle Materie auf, quasi wie in einem Punkt sich alles Räumliche verliert. Die Einheit des alldurchdringenden Umkreises der Sonne, sowie des Auflösenden und Vernichtenden im „Innenraum" der Sonne, das zu einem rein geistigen Sein, durch den Punkt, quasi durch eine Art Umstülpung führen kann, diese Einheit, die beide Pole in sich trägt, dürfen wir sonnenhaft in allem sehen lernen. Alle Polaritäten, ob Mann und Frau, ob Licht und Finsternis, ob Leben und Tod, ob Punkt und Umkreis, sie haben eine übergeordnete Ebene, auf der sie gemeinsam einem Höheren dienen. Diese höhere Ebene finden wir durch ein Zusammenbringen, durch eine Integration und durch eine Steigerung dieser Polaritäten, vor allem, wenn wir uns ganz einlassen, uns ganz hingeben können in das Reich der Einheit, das es im Polaren, im Irdischen so nicht gibt.

Hineinhören in die „Stille", in dieses große Nichts, in den inneren Punkt, in dem sich alles verliert, sowie in den weiten Umkreis, in die seelische Ausstrahlung bis in die Weiten der Unendlichkeit, bis in das große Ganze, um auch diesem zu lauschen und hineinzuschauen in alles, was sich darin offenbaren will. Dies immer wieder geübt, macht die Seele offen und weit, aber auch zentriert und stark. Mancherlei Störendes, wie Geräusche, das Herzklopfen, der Atem, Gedanken und Gefühle, sogar manche Ängste und Tränen, alles darf mit hineingenommen werden in die große Stille, in das Nichts und in die Weite, vor der wir uns verbeugen, in die hinein wir uns versenken.

Vielleicht passiert anfangs nichts oder unmerklich nicht viel, vielleicht verspüren wir eine innere Wärme, eine große Weite, ein Gefühl des Anwesendseins von etwas oder jemandem oder es wird hell in uns, wir vernehmen etwas wie ein Tönen, ein Leuchten, Stimmungen steigen auf und, und, und. Alles darf sein, mit allem dürfen wir uns dem Göttlichen zuwenden.

Im Herzen des Menschen ist der Durchgang durch das Nadelöhr zu finden und damit auch der Ort der Einheit, wo Punkt und Umkreis, wo Mensch und Gott sich finden können. Im geistigen Herzen, das Herz ist ja die innere Sonne im Menschen, da ist der Altar, auf dem wir alle unsere Gaben und unser ganzes Sein dem Göttlichen hingeben und hinopfern dürfen. Nicht das leiblich-physische Herz in der linken Brust ist hier gemeint, sondern das seelisch-geistige, das in der Mitte unserer Brust und dann auch in der Unendlichkeit zu finden ist. In diesem Herzens-Sonnenraum dürfen wir um alles bitten, was für unseren weiteren Weg von Bedeutung und was gut für uns ist. Gott kommt uns darin immer mit offenen Armen entgegen und es wird ein Freudenfest sein, wenn wir uns ganz in seine Arme fallen lassen können. Ein Herz sollen wir sein! „Ich in Gott und Gott in mir".

Tief in unserem Herzen hören wir den Herzschlag Gottes aus dem Herzen der Welt. Tief in unserem Herzen leuchtet uns das göttliche Licht, da ist Gottes Sein. Hier, in meinem tiefsten Herzen bin ich in Gottes Herzen, bin ich in Gottes Liebe und Licht. Hier ist der Quell, aus dem wir alle schöpfen und trinken dürfen aus dem göttlichen Himmelsblut. Hier wird uns gereicht der Kelch des unsterblichen Tranks aus des Himmels Wein und Blut. Und hier dürfen wir ruhen und sein, spüren die Flut der göttlichen Kraft, die uns ganz durchströmt. Und schließlich dürfen wir dankbar sein für die Gnade, die uns ist geschenkt.

Ja, solche Erlebnisse und viele andere können wir erfahren, wenn wir uns einlassen, ganz einlassen, offen und unvoreingenommen wie ein Kind es ist, staunend, sich freuend und der Liebe voll, denn die Himmel sind voller Freude und Harmonie. Doch müssen wir selbst in unserem Herzen himmlisch werden, um die Himmel spüren zu können und wir müssen selbst göttlich in uns sein, das heißt, das Göttliche in uns gefunden haben, um Gott überall sehen zu lernen, auch im Bruder, in der Schwester und selbst bei denen, die uns attackieren und Schaden zufügen wollen.

Gott ist immer da, nur unsere egoistische Kleinlichkeit und begrenzte Sichtweise kann ihn nicht sehen. Gott ist ja auch in uns, dafür dürfen und sollten wir uns öffnen. Gott erscheint auch da recht mannigfaltig, in welcher Weise, ob als Kraft, ob als Engelwesenheit, ob als Genius oder als höheres Selbst, ob als elementarisches Wesen oder als Geist, in einer Imagination, Inspiration und Intuition, also in einer erweiterten Bewusstseinsfähigkeit oder als Schicksalsheilung, als Lebenskraft oder als Aufforderung für eine neue Aufgabe zu Wirken in der Welt und noch vielem mehr, das müssen wir ihm schon selbst überlassen.

Auf jeden Fall wird er uns nicht im Stich lassen. Auch in Prüfungszeiten der Einsamkeit, eines Unglücks oder in einer Krankheit ist Gott uns nahe. Auf ihn ist immer Verlass. Meist sind wir nur auf bestimmte äußere Hilfen und Ereignisse fixiert und sehen deshalb nicht, dass vielleicht noch ganz andere Hilfen zu uns kommen wollen, vor allem, wenn wir eine große Geduld aufbringen, wenn wir also demütig und bescheiden warten können und wenn wir uns ganz der Hilfe Gottes anvertrauen.

Somit dürfen und können wir uns in einem religiösen Leben auch schulen, vor allem durch eine Achtsamkeit, durch Gebete und Meditationen, in kultischer Andacht und in magischen Anrufungen oder wir können immer wieder versuchen, seine Intentionen und seinen Willen im Alltagsleben in das praktische Tun in der Welt, mit der Erde, mit den Naturwesen und mit den Mitmenschen einfließen zu lassen. Oder wir geben uns ganz der göttlichen Liebe hin, wir freuen uns, loben, singen, tanzen und preisen Gott. Der Wege zu ihm sind es sehr viele, letztlich so viele, wie es Menschen gibt. Denn der Weg zu Gott ist für jeden ein ganz individueller und einzigartiger, auch wenn es schön ist, diesen gemeinsam mit Gleichgesinnten ein stückweit zusammen gehen zu dürfen. Ja, gerade die Gemeinschaft lässt uns Kraft und Zuversicht geben und gewiss auch ganz praktische Hilfen. Dafür dürfen wir ebenfalls dankbar sein.

Gerade das christliche Pfingstereignis zeigt in ganz deutlicher Weise, dass ein gemeinsames Streben, Lernen und Leben in und mit der Kraft des Heiligen Geistes zu einer Quelle des Heils für alle gereichen kann und dies zukünftig immer mehr. Und da gehören Frauen und Männer natürlich gleichwertig mit dazu. Denn auch diese Polarität erfährt auf einer höheren Ebene ihre Einheit, vor allem, wenn die männlich-weiblichen Archetypen so miteinder verbunden und gelebt werden, dass sie sich gegenseitig befruchten und ergänzen können. In und auf dem Weg zu Gott bestärken und fördern sich diese sogar, da sie im Göttlichen selbst ihre Wurzeln und auch ihren Zusammenklang finden können.

Nur aufpassen müssen wir, dass uns das „Öl" in unseren Leuchten nicht ausgeht. Das Öl in den Lampen im Gleichnis von den klugen und den törichten Jungfrauen, das Jesus seinen Jüngern mitgegeben hat, es symbolisiert unsere Liebe, unseren Glauben und unsere Hoffnung. Darauf sollen wir unsere Aufmerksamkeit und unsere Energie immer wieder hinlenken. Denn damit brennen unsere innere Lampen und wir finden mit diesem Licht den weiten Weg, auch wenn dieser zeitweise dunkel und verworren erscheint, jedoch, irgendwann wird uns auf diesem Wege jemand entgegenkommen. Das ist eine christliche Verheißung.

In den Evangelien und da vor allem im Johannes-Evangelium wird uns diese Verheißung zugetragen. Das Bewegen der Gottesworte in unserem Inneren lässt uns dieser Verheißung näher und näher kommen.

Darauf wollte ich hier ganz besonders und gerne hinweisen. Das Tun, der Weg, das Gehen ist jedem selbst überlassen, auch das Tempo, die Umwege und die Rastzeiten, alles entscheiden wir selbst. Unser Weg ist schließlich in unsere Freiheit gestellt und wie und in welchem Tempo wir ihn gehen ist schließlich auch zweitrangig, denn zuvorderst kommt es darauf an, dass genug Öl, dass genug Licht und Liebe da ist, um auf diesem Wege weiterschreiten zu können.

In diesem Sinne wünsche ich uns allen einen guten Weg, eine erlebnisreiche und fruchtbare Reise, viel Glück und Gottes Schutz und Segen.

# Gott ist ...

Gott ist Licht, Weisheit, das Allwissen, der geistige Kosmos, der Heilige Geist.

Gott ist Liebe, All-Liebe, Gnade und Vergebung, der Sohn.

Gott ist Leben, Stärke, Allmacht und Güte, der Vater.

Und Gott ist Person - in Christus. In Christus ist Gott wesenhaft Person, der persönliche Gott.

Die Allwissenheit und die Allmacht teilte Gott mit seiner Schöpfung. Daher können schöpferische Wesen selber wissend und mächtig sein und sie können eine eigenständige Persönlichkeit haben, die sich sogar gegen Gott selbst wenden kann. Darauf beruht letztlich die Grundlage für die Freiheit des Menschen als Person und damit als ein Ich-Wesen.

Dieses Ich wurde uns vor langer Zeit von bestimmten göttlichen Mächten geschenkt. Das Ich kann deshalb die Macht Gottes wie auch das Wissen, also die Weisheit Gottes eigensüchtig gebrauchen, was wir ja überall in der Welt beobachten können.

Doch dieses Ich kann sich in Freiheit wieder dem Göttlichen zuwenden, ichhaft und selbstbestimmt. Ja, gerade in diesem Ich, das sich selbst bejaht als ein „Ich bin", als ein sonnenhaftes Ich und damit als dem Kern unserer Persönlichkeit, ist die Brücke gegeben zum großen Ich, zum Welten-Ich, zum Christus-Ich des persönlichen Gottes, der alle Iche der Menschen in sich vereinigen kann.

In den „Ich bin" Worten des Christus ist uns dann auch ein spiritueller Weg beschrieben, der uns aufzeigen will, wie wir mit dem Christus-Ich in eine Berührung kommen können. Diese Thematik kann hier aber nicht vertieft werden, da muss ich auf frühere Schriften verweisen, in denen darauf näher eingegangen wurde.

Wir dürfen und sollen uns dem göttlichen Licht und der göttlichen Weisheit zuwenden, müssen dabei aber aufpassen, dass wir nicht von einem luziferischen Scheinlicht geblendet werden, denn die Mächte der Finsternis und des Bösen, sie haben eine Erlaubnis uns zu verführen, uns seelisch zu verhärten und uns anzuklagen gegenüber Gott. Auch dürfen wir uns der Allmacht Gottes zuwenden, sie als innere Stärke und Güte im Leben einbringen, müssen aber auch hier aufpassen, dass wir nicht den Mächten der Selbsterhöhung und des Größenwahns, der Eitelkeit und der menschlichen Hybris verfallen.

Nur die Liebe bleibt bei Gott, sie ist unteilbar. Gehen wir den Weg der Liebe, so sind wir dem Göttlichen immer nah, egal um welche Liebe es sich handelt: um die Freundes-, Eltern-, Partner-, Kinderliebe oder um die Natur- und die Gottesliebe und so weiter. Die Entfaltungsmöglichkeiten der Liebe sind mannigfach. Auch die Selbstliebe ist von einer herausragenden Bedeutung. Liebe ich mich als Person und gehe den Weg, auch das allzu Persönliche, das allzu Menschliche anzunehmen, so komme ich mit der Zeit immer mehr zum Kern meiner Persönlichkeit. Und in diesem Kern, im Kern des „Ich bin", der in unserem Herzen zu finden ist, vor allem, wenn wir die astralen Hüllen gereinigt, wenn wir die egoistischen und selbstsüchtigen Motive und Verhaltensweisen „abgeschält" haben, die zunächst um das geistige Herz im Menschen eine undurchdringliche Wand bilden, ja, in diesem Kern des Ich liegt der göttliche Funke verborgen. Die Mauern beziehungsweise die Schalen, die das geistige Herz umschließen, sie sollen auf dem Weg zu Gott allmählich immer mehr abgebaut und gewandelt werden, was letztlich immer auch eine Liebestat ist.

Gott ist … ja auch in uns. Zutiefst in unserer Person, in unserem Ich ist er verborgen. Wir brauchen daher kein Ich auslöschen oder unsere Person verbiegen. Gott nimmt an, auch unsere Schwächen. Wir müssen nicht erst zu Heiligen werden, die keinen Makel mehr aufweisen, um Gott nahe sein zu können. Doch wir sollen erkennen, dass Gott in uns ist und dass es Kräfte gibt, die verhindern wollen, dass wir diesen Gottesfunken in uns entdecken.

Die Versuchungen des Christus in der Wüste zeigen sehr deutlich, welcher Art diese Versuchungen und Abirrungen sein können. So müssen wir alle irgendwann einmal solche seelischen Wüsten-Erlebnisse bestehen, müssen Versuchungen und Prüfungen standhalten können, um allmählich ein personhaft-göttliches Sein erwerben zu können. Nur göttlich zu sein, also über allen Anfechtungen zu stehen, ist nicht des Menschen Aufgabe und Weg. Das

Menschliche und das Göttliche sollen zukünftig so miteinander verbunden werden, damit daraus etwas ganz Neues, ja, eine neue Schöpfung entstehen kann.

Viele Geistsucher, auch in heutiger Zeit, wollen auf dem kürzesten Weg zurück zu Gott, in Gottes Sein, in den Himmeln sich auflösen, denn dieses Sein ist ja schon immer da. Dieser direkte Weg zu Gott will dabei oftmals alle irdischen Hüllen abstreifen, allein das Reich und die Welt Gottes wird angestrebt.

Der christliche Geistesweg, für die ganze Menschheit gedacht und vollzogen, strebt nicht nur an, in die Himmel zurückzukehren und in das göttliche Sein aufzusteigen, folglich auch nicht, nur aus dem Rad des Lebens auszubrechen, sondern vor allem ein Werden in der Welt, die Erlösung der Welt und damit letztlich auch die Neuerschaffung der Erde und des Himmels.

Der Entwicklungsgedanke baut eben nicht nur auf den Menschen als Gottes Ebenbild, das vollkommen ist und das er ursprünglich war und im Geiste immer auch noch ist. Der kosmische Mensch, der sogenannte Adam Kadmon, ist Gottes Ebenbild, Gott hat sich darin selbst im Bild erschaffen. Aus diesem Eben- oder Urbild ist das ganze All entstanden. Daraus, also aus dieser göttlichen Einheit, ist der Mensch bekanntlich durch den sogenannten Sündenfall in die Sonderung einer allmählichen Vereinzelung beziehungsweise in eine Individualisierung herausgefallen und damit in das sogenannte „Gleichnis" Gottes hinein. Das Gleichnis Gottes besagt nun, dass der Mensch einmal Gott gleichen soll. Er hat also einen Entwicklungsweg angetreten, durch alle Zeiten und Inkarnationen, um sich Fähigkeiten und Kräfte aneignen zu können, die individuell und eigen, die also personhaft sind, die aber auch den göttlichen Kräften gleichen können.

Das ist das neue Schöpfungsprinzip, das große Werden, dass es eben eine Person gibt, zunächst in der frühen Menschheitsgeschichte sehr schwach und klein. Der Einzelne in den vergangenen Zeiten war nur ein Teil des Ganzen, zum Beispiel in einem Stamm, in einer Familie oder innerhalb eines Volkes, worin jeder Teil dafür sorgen musste, dass das Ganze, dass die Gemeinschaft überleben und gedeihen konnte. Heute und in der Zukunft immer mehr, hat sich dieses Prinzip umgekehrt, da wird jeder Einzelne quasi zu seiner eigenen Gattung und damit allmählich zu einem Selbstbewusstsein hingereichen, das oftmals alles Gattungs- und Gruppenhafte sogar als störend für die eigene individuelle Entwicklung ansehen wird. Dadurch kommt der Mensch immer mehr in eine Vereinzelung, in die „Wüste" hinein, damit aber auch zu einem Reflektieren von sich selbst und darüber zu einer Selbsterkenntnis.

Vom ursprünglichen Sein geht der Weg folglich über ein Werden und Entwickeln zu einem bewussteren Sein. Dazu verhelfen auch die „Wüsten". Denn in diesem „Wüstensein", in diesem auf sich selbst geworfen sein, kann die Person erst richtig erkennen, dass es in ihr noch andere Kräfte und Möglichkeiten gibt, auch wenn das Äußere, wenn die äußere Welt nicht mehr trägt. Selbst wenn uns alles Äußere genommen wird, wie dem Hiob im Alten Testament, auf die inneren Kräfte ist Verlass. Doch diese wollen ichhaft herbeigerufen, angenommen und gestärkt werden.

„Ich bin das Licht, ich bin der Friede, ich bin die Liebe, ich bin der Weg, die Wahrheit und das Leben" und viele weitere Kräfte des Inneren stehen dem Menschen dafür zur Verfügung.

Neue Wege tun sich auf, im Innen und später auch im Außen, vor allem, wenn wir standhaft alle Prüfungen und Aufgaben, die uns auferlegt sind, erfüllen. Unser irdisches Wissen und unsere Klugheit, unsere Macht und unser Status in der Welt, alles Äußere, das Eingebundensein in familiäre und soziale Strukturen, alles, auf was im normalen Leben noch ein Verlass ist, es trägt in der „Wüste", in den Krisen- und Prüfungszeiten des Lebens nicht mehr so sicher, wie dies in den früheren Zeiten noch getragen hat.

Es bleibt, wenn uns alles Äußere genommen ist, das Erleben des „Ich bin", das sich aber erst selbst bejahen und „setzen" muss, damit es stark werden und sich mit dem göttlichen Selbst verbinden kann. Über dieses „Ich bin" beziehungsweise in diesem Ich-Sein sprießen allmählich neue Kräfte hervor, kindliche Kräfte des Vertrauens, der Hingabe, des Spielerischen, des Staunenden, der Entdeckerfreude, des Sponaten, des Unvoreingenommenen, des Kreativen und der bedingungslosen Liebe.

„Und so ihr nicht werdet wie die Kinder, könnt ihr nicht in das Gottesreich gelangen".

Diese schöpferischen Kräfte, die im und aus dem Ich-Wesen entspringen, brauchen wir, um auch zukünftig die Belange der Welt mitgestalten zu können. Mit diesen Kräften in unserem „Ich bin" finden wir den rechten Weg durch alle Wirren der Zeit, hin zu einem göttlichen Sein, aber nicht mehr nur als ein Geschöpf Gottes in Gottes Sein, sondern als ein bewusstes und individuelles Wesen, das sich selbst zu einem Schöpferwesen hinentwickelt und zwar, in dem das Menschliche, das Persönliche und das Göttliche zusammenkommen können. Wir werden zukünftig immer mehr zu Söhnen und Töchtern Gottes heranreifen, zu einem neuen Sein, das es im Kosmos so noch nicht gegeben hat. Und wir werden dadurch Gott schauen können von „Angesicht zu Angesicht". Dies ist Zukunftswille, Christusweg und Christustat. „Siehe, ich mache die Himmel und die Erde neu".

Eine neue Schöpfung, ein neues Werden entsteht durch die Annahme alles Menschseins mit, in und durch Christus. Gott ist Mensch geworden, der Mensch wird göttlich werden. Dadurch wird sich das Göttliche im Menschen mehr und mehr selber bewusst und so entsteht allmählich ein immer bewussteres Sein im Menschen. Das Neue Jerusalem, die himmlische Stadt, sie geht hervor aus dem Reich Gottes, doch die Türen dahinein sind die Perlen, die der Mensch durch seine Mitarbeit, durch sein Miterleiden erschafft. Der zukünftige Kosmos und die zukünftige Erde, sie sind eine gemeinsame Tat von Gott und Mensch.

Gott ist, der Mensch wird; zusammen geschieht eine Entwicklung, hin zu einem bewussten und freien Sein. Und so dürfen wir uns aussöhnen mit unserer Person, wir sollen nicht meinen, wir müssten vollkommen und makellos sein, doch wir können und dürfen das Lichtvolle in uns suchen, wir dürfen das Göttliche in uns liebend annehmen, auf dass dieses immer mehr zu leuchten beginnt und uns dadurch zu verwandeln vermag. Unser „Wüstendasein" wird dann auch einmal ein Ende haben, denn in diesem neuen Geist werden auch wieder ganz neue Formen des Sozialen und des Gemeinschaftlichen entstehen können.

# Nachwort und Ausblick

Durch die Wissenschaften können wir heute einen großen Überblick über das ganze Universum erhalten, worin unsere Erde nur ein „kleines Sandkorn", ein kleiner Planet im riesigen Makrokosmos darstellt. Zig Milliarden an Sternen gibt es im Universum mit den vielfältigsten Galaxien und Milchstraßen, worin unser Sonnensystem mit den Tierkreissternen drum herum nur an einem Ausläufer einer großen, vielfachen Sternenspirale liegt, in deren Mitte scheinbar eine Art „Zentralsonne" existieren soll. Das ganze Universum können wir uns bildlich etwa als eine riesige fliegende Untertasse oder Diskusscheibe vorstellen, in der die Sterne und Galaxien um eine Mitte, um eine Zentralsonne kreisen und wo unser Sonnensystem nur einen ziemlich kleinen Bereich an einem mehr außen gelegenen Rand darstellt.

Das Besondere in heutiger Zeit ist aber, dass die Erde beziehungsweise unser Sonnensystem exakt auf die Zentralsonne in der Mitte des Universums ausgerichtet ist und zwar über das Sternbild des Schützen, darauf deuten zumindest einige Physiker und Astronomen hin. Dieses Geschehen ist natürlich mit einer Aufgabe für die Menschheit verbunden. Ob diese nun durch das Ende des Maya-Kalenders oder mit dem Beginn des Wassermannzeitalters ausgedrückt wird, ist nicht entscheidend. Wichtig ist, dass wir als Menschen ein Ziel, eine Ausrichtung finden, eben hin zu dieser Zentralsonne, die im „Sinnlichen", die also im sichtbaren Universum in entsprechender Weise nur anzeigt, wohin es auch im Übersinnlichen gehen soll.

Die geistige Sonne mit ihren Wesen und Kräften kann und soll daher auch unser spirituell-geistiges Ziel bilden. Dies ist natürlich mit einem großen Paradigmenwechsel für die ganze Menschheit verbunden, was zum Beispiel den Umgang mit moralischen und menschlichen Werten betrifft. Ja, man kann heute schon recht gut beobachten, dass viele Menschen ihre Taten und Einstellungen vermehrt in einem moralischen Kontext betrachten, sei es in der Politik, in der Wirtschaft oder auch im Privaten. Natürlich gibt es da aber auch noch einige unbelehrbare Zeitgenossen, doch das Zeitenschicksal wird zu immer größerer Wachheit, Bewusstheit und Wandlungsbereitschaft mahnen.

In unserer heutigen Übergangszeit werden sich in den nächsten Jahren „alte" Strukturen auflösen müssen, zum Teil auch mit vielen Spannungen, Umstürzen und Gewaltakten verbunden, so wie dies eine Betrachtung der kosmologischen Signaturen unserer Zeit ergibt. Denn alte Machtstrukturen räumen oftmals leider nicht von selbst ihre Privilegien und Herrschaftsprinzipien, sei es in der Politik oder in der Finanz- und Wirtschaftswelt. Die kosmischen Signaturen fordern und deuten jedoch auf Veränderungen, Reformen und Transformationen hin. Dies wird alle Bereiche des gesellschaftlichen Lebens betreffen. Gerade aber, wenn sich ein Wandel ereignen soll, bäumen sich die „alten" und autoritären Kräfte noch einmal auf, denn sie wissen, dass ihre Zeit begrenzt ist und einmal zu Ende gehen wird.

Wenn wir uns, wie hier als Weg dargestellt, auf Gott, auf die geistige Sonne des Universums, also auf die göttliche Welt ausrichten, so bedeutet das nicht, dass wir alles Weltliche verlassen sollen oder müssen. Doch wir bekommen aus dieser göttlichen Welt neue Impulse und Kräfte, um in unserer Welt geistgemäß leben und wirken zu können. Ohne diese göttlichen Kräfte und Einsichten würden wir uns allzu leicht im Materialistischen verstricken oder uns in den Sachzwängen und in den vielfältigsten Abirrungen und Versuchungen in der Welt verlieren.

Wir stehen menschheitlich gesehen vor einer großen Prüfung. Ahriman, der Geist der Finsternis, der Verhärtung und der kalten Intelligenz wird sich auf der Erde in einem menschlichen Leib inkarnieren, ähnlich wie dies Christus im Jesus von Nazareth vor 2000 Jahren getan hat.

Ahriman bewirkt die Versuchung, Steine in Brot zu verwandeln, die Christus in der Wüste überstand, die heute jedoch für viele Menschen auf der Erde angesagt ist. Aus allem soll ein Gewinn gemacht werden, das Nützlichkeitsdenken, der Eigennutz überwiegt oftmals alles menschliche Handeln. Wie ein Spinnennetz umzieht dieses ahrimanische Wirken schon heute viele Gesellschaften, wenn wir nur einmal die Finanzgebaren mächtiger Konzerne, Banken und Fonds oder die immense Ausbeutung der Erde anschauen. Die zunehmende Elektronisierung und Digitalisierung vieler Bereiche des alltäglichen Lebens und damit die Überwachungs- und die Manipulations-Möglichkeiten durch die künstliche beziehungsweise durch die kalte Intelligenz, ist ganz im Sinne Ahrimans. Noch ist die Wüstenzeit für die Menschheit und damit die Zeit der Versuchungen nicht zu Ende. Technokratien, Bürokratien und Plutokratien sind teilweise immer noch am Zunehmen. Natürlich gibt es dagegen auch schon etlichen Widerstand. Ein autoritäres Machtgebaren, Zwänge, Gewaltausbrüche, soziales Elend, Hunger, Ausbeutung, Grenzen des Wachstums, die Erdzerstörung, Kriege, der Klimawandel und, und, und – all diese Probleme sind noch nicht wirklich gelöst.

Ahriman wird bei seiner Ankunft vorgeben, unsere Probleme mittels der Technik und einer mentalen Magie, im Sinne einer Selbstoptimierung lösen zu können. Werden wir uns darauf einlassen, werden wir noch mehr in seine Knechtschaft geraten, bis wir krank werden und die Erde an den Rand des Abgrunds und damit in den Tod getrieben haben. Ahriman will aus der Erde einen kalten „Maschinen-Park", einen Raum schaffen, in dem das Tode herrscht und woraus alles Lebendige und Göttliche entfernt ist. Wir sind heute ja schon ein gutes Stück auf diesem Wege unterwegs, doch wir sollten uns ehrlichen Herzens fragen, ob wir wirklich so eine Welt mitkreieren wollen?

Letztendlich wird dieses ganze System aus Lüge, Macht, Gier und Eitelkeiten einmal zusammenbrechen müssen. Jedoch, allein aus unserem menschlichen Vermögen sind diese gewaltigen Probleme nicht mehr zu gesunden. Ohne Hilfen von „oben", ohne geistige Erkenntnisse, Erfindungen und Lebensänderungen wird es nicht wirklich in einem gesunden Sinne weitergehen, individuell wie kollektiv geschen.

Ohne Hoffnung, ohne Glauben und ohne Liebe für ein menschheitliches Ziel, für ein Menschsein, das sich ausrichtet auf die zentrale Sonne des Seins und daraus neue Impulse empfängt, wird es keine gesunde Zukunft geben können.

So wie das sichtbare Universum auf eine Zentralsonne hinweist und unser Tierkreis nur einen sehr kleinen Ausschnitt in einem Seitenarm aus Galaxien und Milchstraßen bildet, der sich um die Zentralsonne dreht, so ist es auch im Geistigen. Jedes einzelne menschliche Wesen ist ein Glied am großen Menschheitsleib. Jeder menschlichen Seele entspricht in analoger Anschauung ein Stern am Firmament. Immerhin gibt es viele Milliarden Sterne – also auch so viele Seelen?

Jeder Stern, so könnte man sagen, ist aus der Zentralsonne in die Einzelheit hinausgefallen und dreht dort einsam, aber immer noch eingebettet in das Kräftewirken des Ganzen, seine Runden. Ja, auch wir Menschen können uns in Trennung, in Isolation und in Vereinzelung, also im Geist der Finsternis, im Geist der Zersplitterung und Spaltung verlieren. Auch durch unser spirituelles Tun. Eine Überheblichkeit, eine Arroganz gegenüber den übrigen Menschen kann sich durch ein spirituelles Wissen einstellen, man fühlt sich anders, vielleicht auch besser, weil dem Göttlichen näher und wird dadurch recht leicht etwas über die Belange der Welt emporgehoben und dadurch allmählich in eine tiefe Einsamkeit „fallen".

Jedoch, wir können uns auch als Teil des Ganzen empfinden und fühlen lernen, wo dann jeder Einzelne, auch wenn er noch so klein und unbedeutend erscheinen mag, als Teil des Ganzen seinen Platz, seine Aufgabe und damit seinen Wert erhält. Darauf dürfen wir vertrauen, darauf dürfen wir bauen.

Ahriman, der biblische Satan und Mammon, will uns dagegen klein halten, nur ein Rädchen im Getriebe sollen wir sein, damit sein System aus Macht, Habgier und Lüge erhalten bleibt. Die Menschen müssen sich darin unterordnen, vor allem, wenn sie gewisse Vorteile daraus ziehen wollen. Das herrschaftliche System der heutigen unkontrollierten und undemokratischen Finanzwelt macht ganze Gesellschaften abhängig vom Vermögen weniger und verschlingt in vielen Bereichen die individuelle Selbstbestimmung und die persönliche Freiheit. Das System aus Geld, Wettbewerb und Leistungszwang achtet keine Würde, so wie dies an vielen Orten und in vielen Auswüchsen in der Schul- und Arbeitswelt heute schon zu sehen ist.

Als junger Mensch, der die Welt erobern und ergreifen will, hat man noch Ideen, Ideale und Ziele vor sich, die von Innen kommen, wenn sie nicht schon durch eine verkopfte Schule und Erziehung ausgemerzt wurden. Wird man älter, hören diese inneren Beweggründe allmählich auf zu drängen. Lebenspflichten und Sachzwänge gewinnen die Oberhand, es sei denn, man ergreift selbstbestimmt und selbsttätig ein Suchen und Ringen nach neuen Wegen, die jetzt nicht mehr aus dem Persönlichen hervorgehen, sondern aus den Welt-Notwendigkeiten und damit aus den Bestimmungen des Ganzen, aus der Weltenlenkung, aus dem Christusprinzip beziehungsweise aus dem Willen Gottes.

„Das Weltendenken denkt in mir, die Weltenseele fühlt in mir, der Weltenwille wirkt in mir und durch mich". In dieser meditativen Haltung dem Göttlichen gegenüber, so wie Rudolf Steiner diese Worte als eine Anregung gegeben hat, offenbart sich die Weisheit des Alls. Darin dürfen wir uns einüben.

Wer immer mehr zum Göttlichen in sich und dann auch in der Welt hinstreben will, durch eine spirituelle und liebende Hingabe, kommt dem Göttlichen näher und näher. Man braucht dann gar nicht mehr nach Erleuchtung oder nach Befreiung und Glück streben, denn im Göttlichen ist alles enthalten, was jeder Einzelne für seinen ganz individuellen Lebensweg braucht. Je nach Stufe und Reife bekommen wir das, was uns weiterbringt, was uns näher mit Gott verbinden kann.

In diesem Sinne sind die nahenden Umbrüche und Krisen eben auch Zeiten der Läuterung und der Umkehr. Doch dabei sollten wir immer auch bedenken: Gott ist mit uns – er straft nicht und er peinigt nicht. Das tun die dunklen Mächte, wenn wir uns diesen zu sehr ausliefern.

Jedoch, wo viel Schatten ist, da ist auch viel Licht. Die Wiederkunft Christi in den Wolken, also im Ätherischen, in der Lebenssphäre der Erde, erzeugt natürlicherweise einen sehr wichtigen spirituellen Impuls auf der Erde, der dann die Widersachermächte verstärkt auf den Plan ruft, um dieses spirituelle Ereignis zu überdecken beziehungsweise die Menschen davon abzulenken. Oftmals wirken die verschiedenen Wesenheiten dieser dunklen

Mächte und Hierarchien heutzutage inspirierend in zahlreichen irdischen Vereinigungen, in Logen und Bruderschaften, wie auch in manchen Chefetagen, Medienanstalten und Finanzinstitutionen sogar zusammen, um eine fortschrittliche, spirituelle und gesunde Menschheitsentwicklung vereiteln zu können. Wir stehen mitten in einem großen, das Ende noch nicht absehbaren michaelischen Geisteskampf. Der Archai Michael ist unser Zeitregent. Er stieß die Drachenkräfte, wie in der Apokalypse beschrieben, aus den rein geistigen Welten auf und in die Erde hinab. Hier wüten sie dafür um so mehr. Doch Michael kann sie auch in Schach halten, wenn wir unsere guten Taten und seelischen Impulse für das Leben der Erde unter seine Führung und Anleitung stellen.

Wahrscheinlich muss ja wirklich noch einmal ein großer Kampf, eine dunkle Wolke erscheinen, bevor dahinter das Licht Christi, die Geistessonne erstrahlen kann. Lernen wir daher, nicht nur auf die dunklen Kräfte und Mächte hinzublicken, wodurch sie uns nur noch stärker fesseln und vereinnahmen können, sondern schauen wir immer auch auf das Licht, auf die Liebe und die Güte Gottes hin, so wird uns eine Führung und Hilfe zuteil.

Gott schenkt uns seine Liebe, Kraft und Weisheit. Damit können wir am besten alle Anfeindungen, Anforderungen und Prüfungen bestehen. Und schließlich dürfen wir den Humor und die Geduld in solch schwierigen Zeiten nicht verlieren, denn ohne diese himmlischen Gaben könnte man ansonsten allzuleicht in eine Depression und Resignation verfallen.

Sodann, der Weg erscheint, das Ziel ist klar, für jeden verschieden und doch für alle gleich. Gott ist unser Ziel, er ist der Weg, er ist unser Sein und Leben. Gott in uns, wir in Gott – da ist Heil, Kraft und Segen – in uns und dann auch in der Welt, denn mit Christus dürfen auch wir sprechen: „In der Welt habt ihr Angst, doch seid getrost, ich habe die Welt überwunden".

Erst aus und in dieser Weltüberwindungskraft können wir wahrhaft wirken, auch wenn dies noch so bescheiden im alltäglichen Leben und Wirken geschehen mag. Wir bringen neue Kräfte mit auf die Erde, die nicht aus dieser Welt erstehen, doch in der Welt verwirklicht werden wollen. Gotteskräfte im Erdensein, das

Erdensein verwandelnd, dies bringt wahrhaft voran. Aber auch das, was der Mensch für die Naturwesen und für die Erde tut, bringt ihn dem Göttlichen näher oder aber es trennt, vor allem, wenn er die Geschöpfe der Natur schändet, quält und ausbeutet. Eine gottlose, unbewusste oder teuflische Tat wird sicher eine Auswirkung haben, sei es als Krankheit, als Unglück oder in einem sonstigen Schicksalsausgleich. Unser Umgang mit der Schöpfung entscheidet schließlich über das Wohl oder Wehe unserer eigenen Zukunft. Das sollten wir doch bedenken!

So wünsche ich allen Lesern gesunde Einsichten und Umsetzungen, wie natürlich auch den vielen Gottsuchern und Michaelsdienern, auf dass sie Gottes Segen, Kraft und Liebe erfahren mögen und dass die hier dargelegten Gedanken und Inhalte vielen Menschen eine größere Zuversicht, mehr Lebensmut, Lebenslust und Lebensfreude schenken werden – und dies auch in schwieriger Zeit.

So möchte ich zum Abschluss noch auf ein Zitat aufmerksam machen, das mir vor kurzem in die Hände viel und das vielleicht etwas zum Nachdenken animieren kann. In Jesaja 48,22 heißt es: „Die Gottlosen haben keinen Frieden".

Und wenn wir die Welt heute vorurteilsfrei betrachten, so kann vielerorts bemerkt werden: die Völker sind friedlos, die Regierungen sind immer öfters ratlos, viele Konferenzen endlos, die Beratungen oftmals ergebnislos, die Schulden zahllos, die Verbrechen maßlos, die Sitten zügellos, die Lügen grenzenlos und die Aussichten trostlos. Und dies vielleicht auch darum, weil viele Menschen gottlos geworden sind?! Das ist doch sicher auch nachdenkenswert.

Mit einem herzlichen Dankeschön allen Helfern und natürlich dem mir entgegengebrachten Wohlwollen, von Ihnen, dem unbekannten Leser, der unbekannten Leserin, möchte ich hiermit meine Betrachtungen über den Weg zu Gott beschließen. Nun dürfen wir diesen Weg nur noch gehen. Bestimmt begegnen wir uns da, irgendwann und irgendwo alle einmal wieder.

Franz Weber, Johanni 2012 und im Sommer 2020

# Literaturverzeichnis

Otto Feuerstein:  Die Auferstehung des Fleisches
Hanna Zluhan:   Auferstehung und ewiges Leben im Reiche
                Gottes
Rudolf Steiner:  Offenbarungen des Karma
                - Das Initiaten-Bewusstsein
                - Die Stufen der höheren Erkenntnis
Artur Schult: Menschenleben und Johannes-Evangelium im
              Lichte der Wandelsterne
Adalbert Ludwig Balling: Die Stunde der Rose – Geduld ist alles
Dalai Lama: 108 Perlen der Weisheit
Joel S. Goldsmith: Die Kunst der geistigen Heilung
Thorwald Dethlefsen: Schicksal als Chance

Vom Verfasser dieser Schrift sind noch weitere Werke entstanden, die ich hier teilweise anführe. Zudem existiert ein umfangreiches künstlerisches Werk aus Gemälden und Kleinskulpturen, sowie einige Gedichtbände.
Bei näherem Interesse schauen Sie bitte auf meine Homepage:
www.perceval-institut.de
für die Kunstwerke:
www.steine-kunst.de

Die folgenden Titel sind, mit einer Ausnahme, bei BoD als Bücher erschienen:

- Auf dem Weg zum Gral – für die Hüter und Sucher des Heiligen
  Gral
- Partnerschaften im Lichte eines spirituellen Christentums
- Spirituelle Partnerschaften im Lichte der Sternenweisheit
- Im Namen des Wortes – eine geistige Wegweisung
- An die Mutter Erde – Betrachtungen zur Entwicklung von Erde
  und Mensch
- Welten-Dramatik – Erkenntnishilfen in apokalyptischer Zeit

- Lichtwärts – Betrachtungen für ein geistgemäßes Leben in heutiger Zeit
- Vom Bauen am Tempel des Lebens – auf dem Weg zum Sinn, zu menschlicher Fülle und zur geistigen Bestimmung
- Zeitfragen im Lichte der hermetischen Philosophie
- Tarot – die großen Arkana im Lichte der Hermetik
- Aufbruch zur Dimension der Tiefe
  Teil 1: Praktische Hilfen für das Leben in der sozialen Welt
  Teil 2: Hilfen für den Weg zum inneren Leben
- Ich und Welt – Mensch und Gott  (meditative Betrachtungen zur Lage der Zeit)
- Die soziale Dreigliederung
- Wege zum Heil
- und einige mehr